空间思维大挑战
立体王
研究能力篇

[日]高滨正伸　[日]平须贺信洋　著　冯洁　译

花丸学习会教材

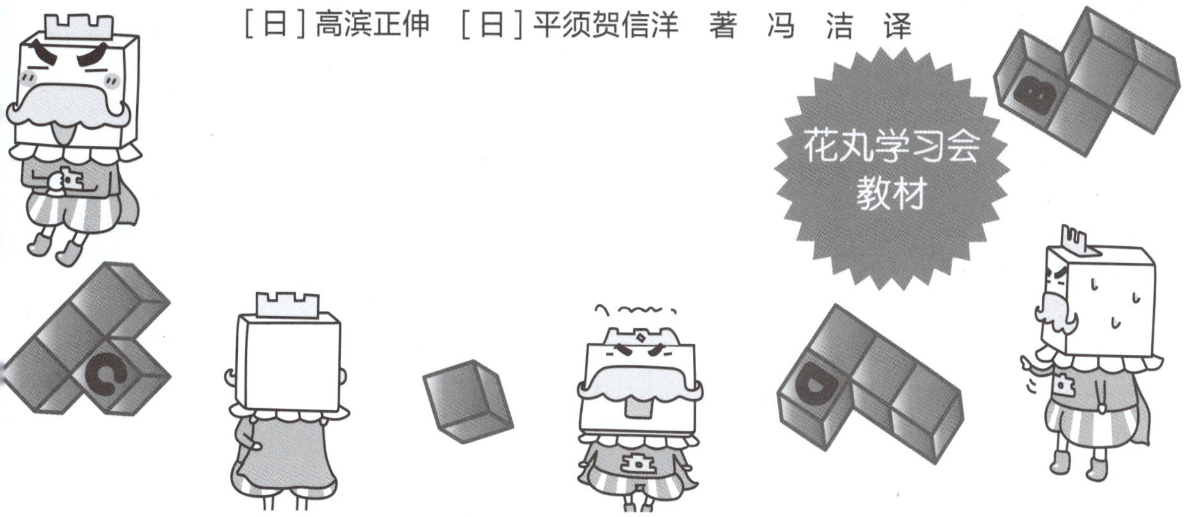

浙江少年儿童出版社·杭州

序言

●真正想掌握的学习能力＝思考能力

很多小孩子都有这样的烦恼：虽然能够进行简单计算，但是当遇到"应用题"和"图形题"时，却束手无策。实际上，计算能力是只要进行大量的重复训练，无论是谁都能够掌握的"操作能力"，只要接受的训练方法是正确的，一般都没啥大问题。

因此，为了孩子的成绩着想，我们必须将关注的焦点对准"应用题"和"图形题"，理由是：上述两种题型考查的是"思考能力"，与所有的科目都有着密切的联系，并且它也是将来作为一名社会人赖以生存的基本能力。

●"观察能力"和"研究能力"

我把"思考能力"详细分析了一番，并总结出以下两大类共八种能力。
（1）观察能力
①空间认知力（三维画面轻松想象）；②图形感知力（辅助线灵活添加）；③试错能力（动动笔轻松实践）；④发现能力（找出核心、规则以及思路）。
（2）研究能力
①逻辑能力（按照合理步骤一步一步正确解答）；②精读能力（读懂字里行间隐藏的含义）；③概括能力（提炼文章中心思想）；④意志力（凭借自己的力量坚持到最后）。

这些能力通常不会被单独考查，但往往综合体现在被称为"探究性问题""难题"等题型的题目中。

●为什么选择立方体

"观察能力"和"研究能力"会随着使用"五种感官"的游戏的深入和日常生活经验的积累而自然增长，这一点不言自明。因此，选用在家中就能找到的东西作为教具是最理想，这就是我们选择立方体的出发点。怎样用简单的教具来让孩子体验到立体世界的奥妙，同时让孩子乐在其中呢？答案就是《立体王》系列。这套书的目标就是，让儿童掌握立体问题的所有基础知识，包括以下几种能力：

■玩转几何体的能力

从不同的方向观察……想象几何体的内部结构，培养从不同的视角观察几何体的能力。
选择性观察……从复杂的几何体中选出必要部分进行观察的能力。
移动几何体……将脑中成形的几何图形自由移动、灵活翻转的能力。

■将立体图形转化成平面图形的能力

· 截面图想象力……想象几何体切割后呈现出的截面的能力。
· 投影图想象力……想象从某个角度看到的投影图的能力。
· 展开图想象力……想象将几何体展开后得到的平面图形的能力。
· 临摹图想象力……想象用三个方向的平行线描绘出图形的能力。

为了让孩子们在思考过程中充分锻炼以上能力，我们精心编写了本书的题目。

希望孩子们通过使用本书能够将对立体的小积木进行翻转、组合的能力从动手操作升级到视觉想象。请与家人一起享受游戏的乐趣吧！

研究能力篇

●在解决各种问题中提高能力

□平面拼图　—选择性观察·投影图想象力—
找到放积木的位置的练习可以培养孩子们选择性观察的能力，孩子们只需要找出自己想观察的部分，并且把三维的立体图形用二维的平面图形表现出来即可。这对孩子们来说是一种新的体验。

□咕噜咕噜大作战　—移动立方体的能力·展开图想象力—
在练习册上咕噜咕噜滚动立方体，并确认立方体滚动的轨迹，可以让孩子们实际感受到立方体的滚动，培养孩子们解答空间图形的能力。

□你说我猜　—截面图想象力—
让孩子们通过阅读书中对几何体的描述，选出正确的截面图。这样可以锻炼孩子们精读的能力。

□猜一猜　—从不同方向观察的能力·投影图想象力—
从不同的方向观察几何体，不断地实践从而培养观察能力。

□咕噜咕噜大搜查　—移动立方体的能力·展开图想象力—
和咕噜咕噜大作战一样，培养滚动立方体的能力。

□立体大家族　—选择性观察·在脑海中移动立体图形的能力—
在脑海中想象并移动几何体。将复杂的几何体在脑海中还原。

□穿过空格　—移动立体图形的能力·投影图想象力—
把几何体拿在手中，并让它穿过空格，在实际操作中培养孩子们移动几何体的能力。

□双色截面的形状　—选择性观察的能力·断面图想象力—
截面图与完整的几何体不同，不实际切开的话是很难想象的。这个练习可以让孩子们掌握用截面图来表示几何体的方法。

●在游戏中进一步提高

□收纳盒　—投影图想象力·展开图想象力—
一边观察外侧描绘的图形一边放置积木，由此就能让孩子们自然而然地认识到，积木（三维）与外侧的图形（二维）表现的是相同的东西，从而锻炼"将几何体变为投影图或展开图等平面图形的能力"。

□空格卡　—移动几何体的能力·投影图想象力—
将积木实际拿在手中，检验一下不同形状的积木是否能从卡片上的孔中穿过，以及能以怎样的状态穿过，这些实际操作的经验可以成为孩子们在头脑中转动几何体的想象基础。

花丸学习会代表　高滨正伸

目 录

阶段 1

① 平面拼图▶ ········· 2
② 咕噜咕噜大作战▶ ········· 3
③ 你说我猜▶ ········· 4
④ 猜高度▶ ········· 5
⑤ 咕噜咕噜大搜查▶ ········· 6
⑥ 平面拼图▶ ········· 7
⑦ 咕噜咕噜大作战▶ ········· 8
⑧ 你说我猜▶ ········· 9
⑨ 猜高度▶ ········· 10
⑩ 咕噜咕噜大搜查▶ ········· 11
⑪ 平面拼图▶▶ ········· 12
⑫ 咕噜咕噜大作战▶ ········· 13
⑬ 你说我猜▶ ········· 14
⑭ 猜高度▶▶ ········· 15
⑮ 咕噜咕噜大搜查▶▶ ········· 16
⑯ 平面拼图▶▶ ········· 17
⑰ 咕噜咕噜大作战▶ ········· 18
⑱ 你说我猜▶ ········· 19
⑲ 猜高度▶▶ ········· 20
⑳ 咕噜咕噜大搜查▶▶ ········· 21
㉑ 平面拼图▶▶ ········· 22
㉒ 咕噜咕噜大作战▶▶ ········· 23
㉓ 你说我猜▶▶ ········· 24
㉔ 猜高度▶▶ ········· 25
㉕ 咕噜咕噜大搜查▶▶ ········· 26
㉖ 平面拼图▶▶ ········· 27
㉗ 咕噜咕噜大作战▶▶ ········· 28
㉘ 你说我猜▶▶ ········· 29
㉙ 猜高度▶▶ ········· 30
㉚ 咕噜咕噜大搜查▶▶▶ ········· 31
㉛ 平面拼图▶▶▶ ········· 32
㉜ 咕噜咕噜大作战▶▶ ········· 33
㉝ 你说我猜▶▶▶ ········· 34
㉞ 猜高度▶▶ ········· 35
㉟ 咕噜咕噜大搜查▶▶▶ ········· 36

阶段 2

㊱ 立体大家族▶ ········· 38
㊲ 咕噜咕噜大作战▶ ········· 39
㊳ 你说我猜▶▶ ········· 40
㊴ 猜高度▶▶ ········· 41

㊵ 咕噜咕噜大搜查▶ ········· 42
㊶ 穿过空格▶ ········· 43
㊷ 立体大家族▶ ········· 44
㊸ 咕噜咕噜大作战▶ ········· 45
㊹ 你说我猜▶ ········· 46
㊺ 猜高度▶▶ ········· 47
㊻ 咕噜咕噜大搜查▶ ········· 48
㊼ 穿过空格▶ ········· 49
㊽ 立体大家族▶ ········· 50
㊾ 咕噜咕噜大作战▶▶ ········· 51
㊿ 你说我猜▶ ········· 52
51 猜高度▶▶ ········· 53
52 咕噜咕噜大搜查▶▶ ········· 54
53 穿过空格▶ ········· 55
54 立体大家族▶▶ ········· 56
55 咕噜咕噜大作战▶▶ ········· 57
56 你说我猜▶▶ ········· 58
57 猜高度▶▶ ········· 59
58 咕噜咕噜大搜查▶▶ ········· 60
59 穿过空格▶▶ ········· 61
60 立体大家族▶▶ ········· 62
61 咕噜咕噜大作战▶▶▶ ········· 63
62 你说我猜▶▶ ········· 64
63 猜高度▶▶ ········· 65
64 咕噜咕噜大搜查▶▶ ········· 66
65 穿过空格▶▶ ········· 67
66 立体大家族▶▶▶ ········· 68
67 咕噜咕噜大作战▶▶▶ ········· 69
68 你说我猜▶▶ ········· 70
69 猜高度▶▶▶ ········· 71
70 咕噜咕噜大搜查▶▶▶ ········· 72
71 穿过空格▶▶ ········· 73
72 立体大家族▶▶▶ ········· 74
73 咕噜咕噜大作战▶▶▶ ········· 75
74 你说我猜▶▶▶ ········· 76
75 猜高度▶▶▶ ········· 77
76 咕噜咕噜大搜查▶▶▶ ········· 78
77 穿过空格▶▶▶ ········· 79
78 双色截面的形状▶▶▶ ········· 80
79 双色截面的形状▶▶▶ ········· 81
80 双色截面的形状▶▶▶ ········· 82

参考答案 ········· 83
卡纸的使用说明 ········· 98

阶 段 1

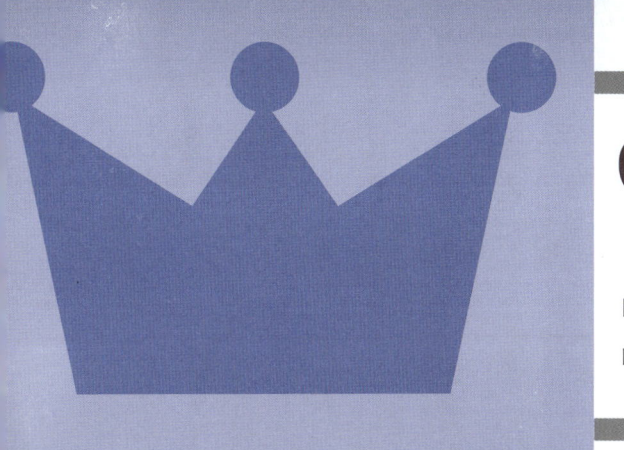

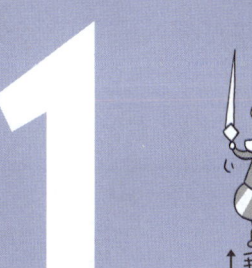

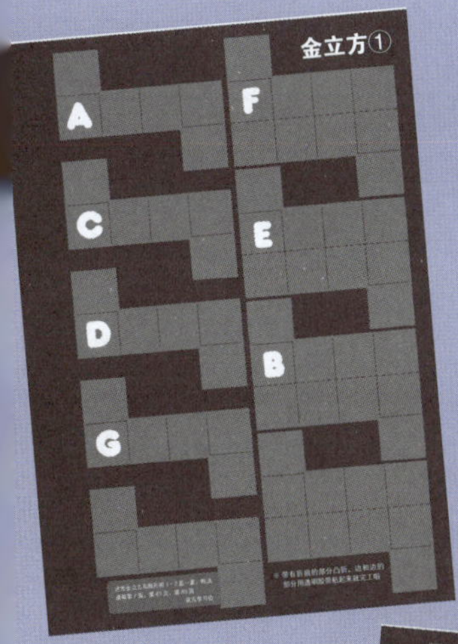

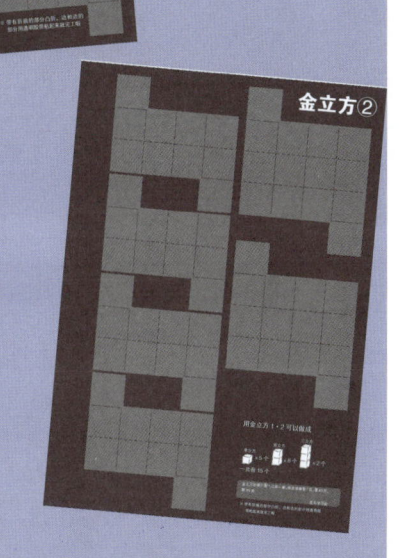

开始之前

在解答《阶段1》的问题前，参考第98页的说明用卡纸制作完成单立方、双立方和三立方吧！完成的各种积木块将用来解题和确认答案。

● 必备工具
· 透明胶带 · 剪刀

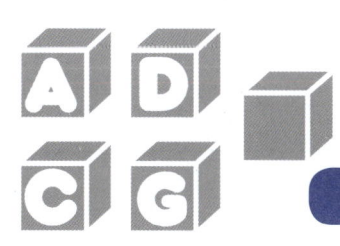

单立方 ×5个

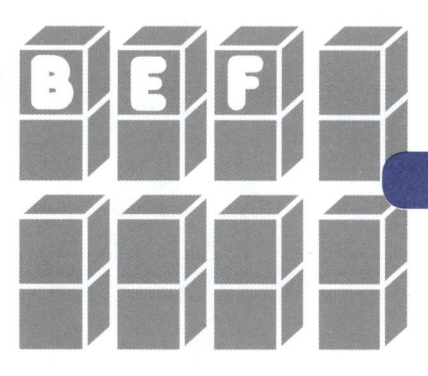

双立方 ×8个

三立方 ×2个

↑我叫小立方！

合计可以做 15 个积木块哦！

问题的难度按照由低到高的顺序用 ▶、▶▶、▶▶▶ 表示。

1 平面拼图

月　日

双立方

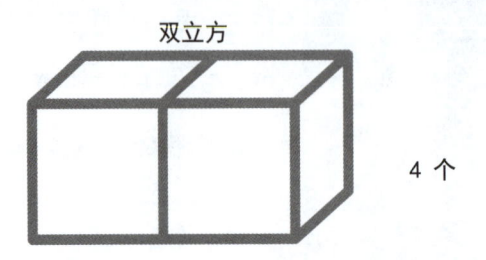

4 个

用 4 个双立方正确填充下面的图形。

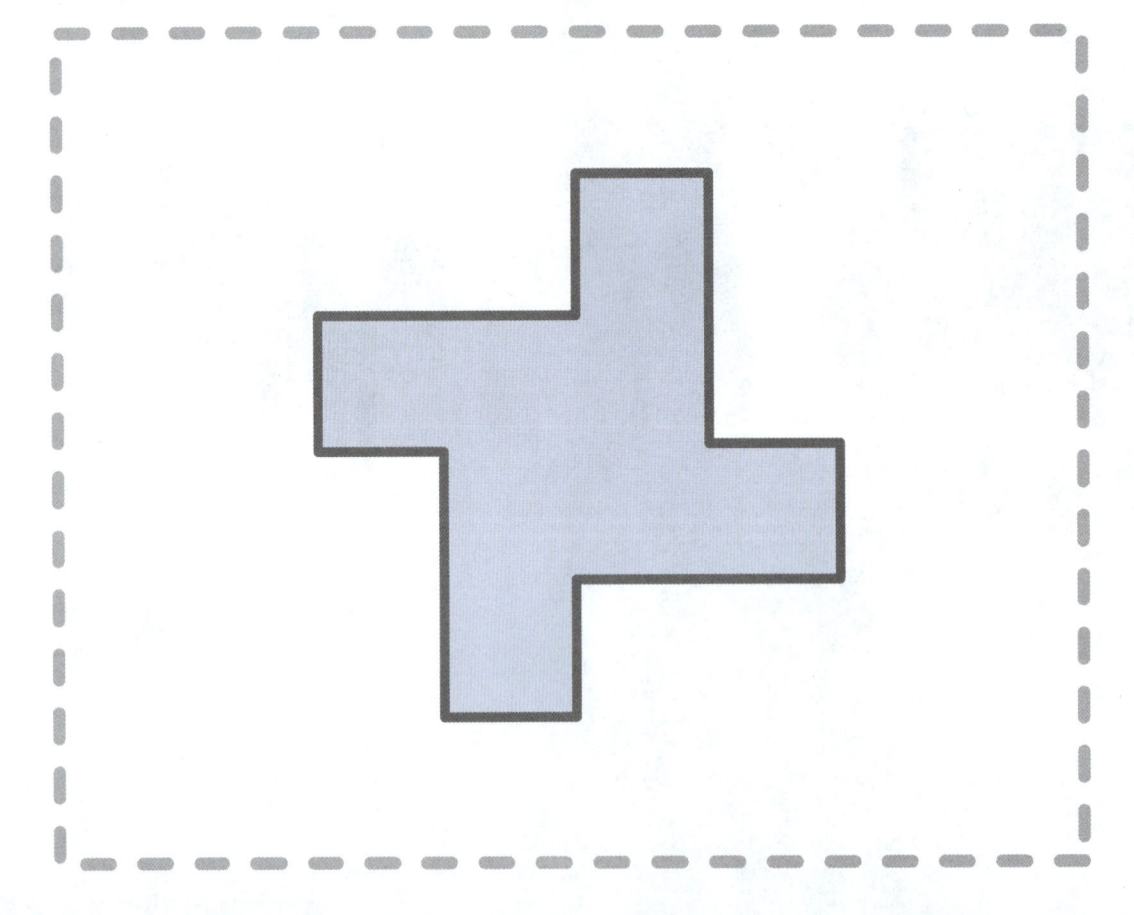

答案和解说 ☞ 第84页

2

2 咕噜咕噜大作战

单立方的其中一面有颜色。在数字带上咕噜咕噜滚动时，把有颜色的面所经过的数字加起来，和是多少呢？

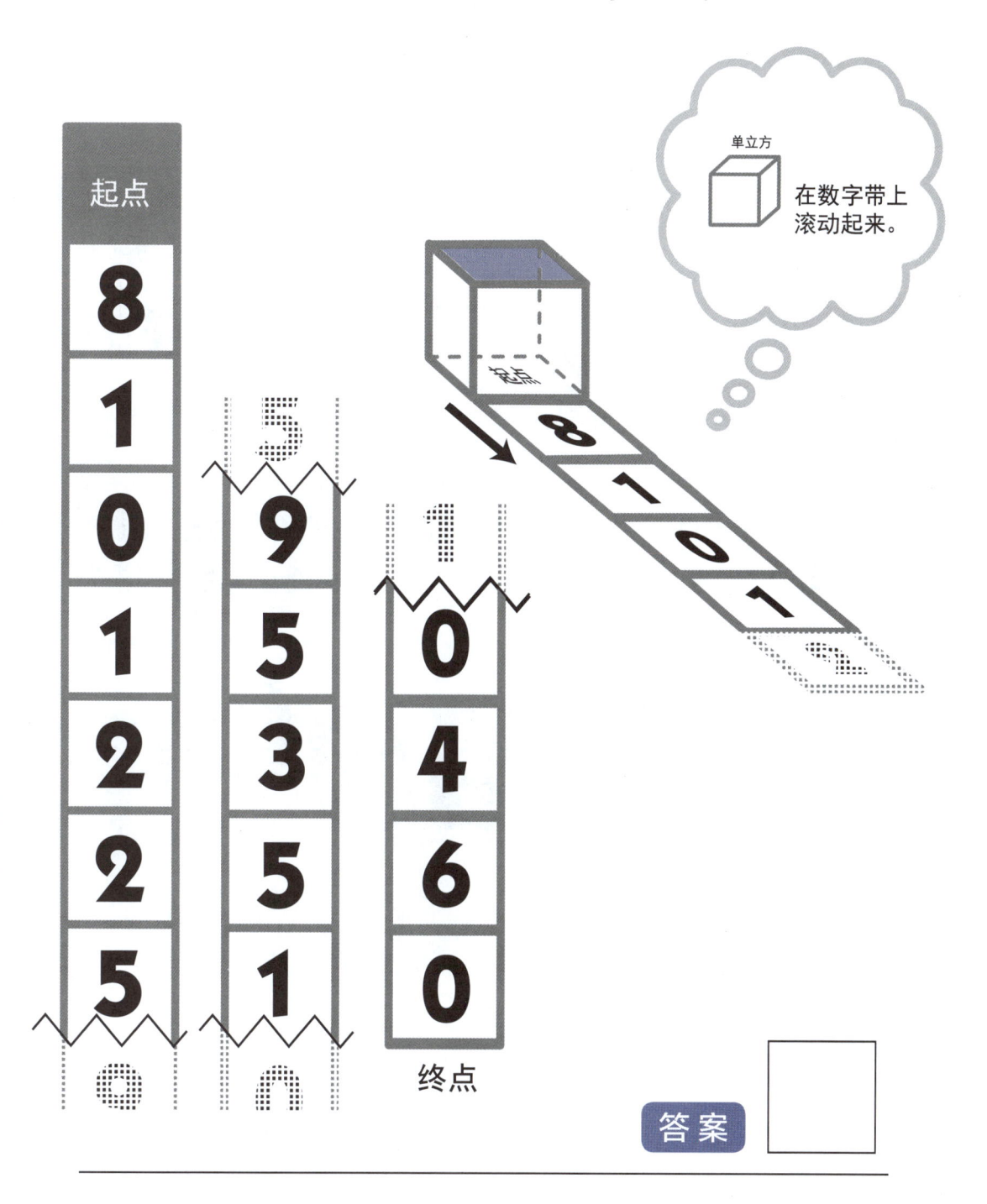

单立方
在数字带上滚动起来。

起点

| 8 |
| 1 |
| 0 |
| 1 |
| 2 |
| 2 |
| 5 |

| 5 |
| 9 |
| 5 |
| 3 |
| 5 |
| 1 |

| 1 |
| 0 |
| 4 |
| 6 |
| 0 |

终点

答案

答案和解说 ☞ 第84页

3 你说我猜

例

下面是小立方的说明。究竟小立方说的是哪个几何体呢？

"有1个单立方，在它的前面还粘了1个单立方。"

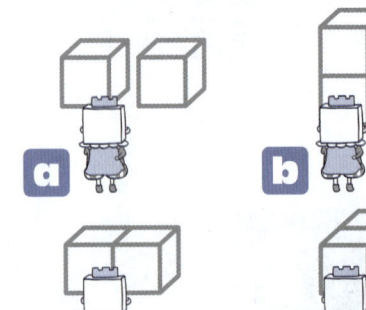

a　b　c　d

答案 d

小立方说的是哪个几何体呢？

小立方说："有1个单立方，在它的右后方还有1个单立方。2个单立方没有分开，但面与面也没有贴在一起。"

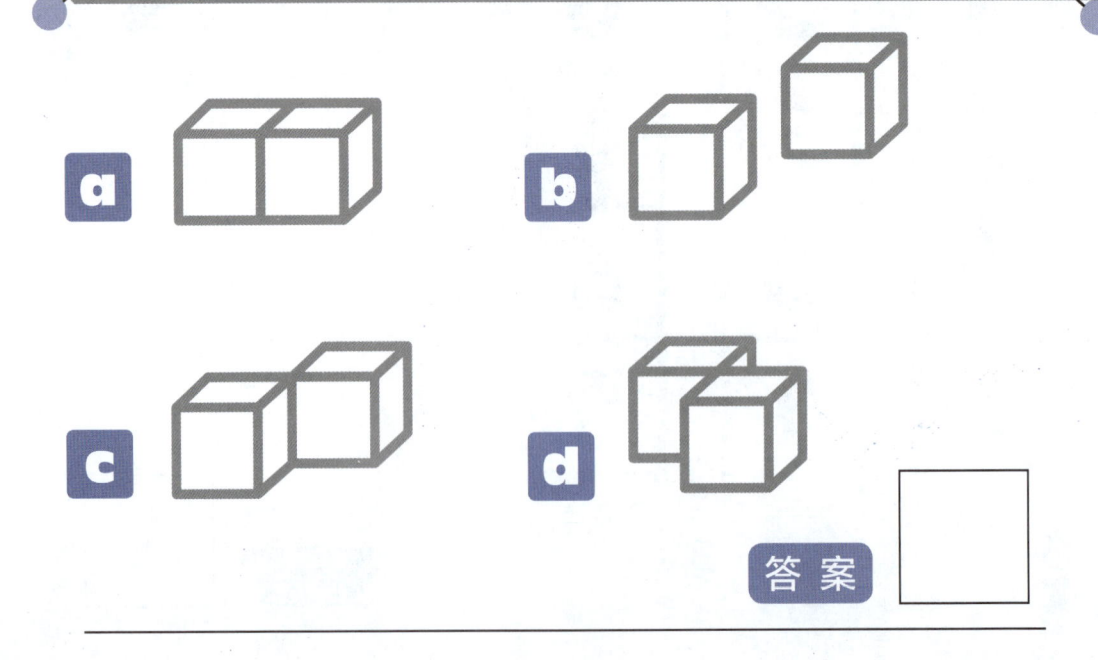

a　b　c　d

答案

4 猜高度

例

以从左面看到的图和从前面看到的图为参考，猜一猜从上面看到的几何体的高度。

注意：从左面观察时，需要将书逆时针旋转90°后再观察。这时落在你的视野内的图形，才是本书所述的"从左面看到的图"。这种观察方法可以更好地在纸面上体现图形间的点、线、面对应关系。全书均采用这种观察方法。

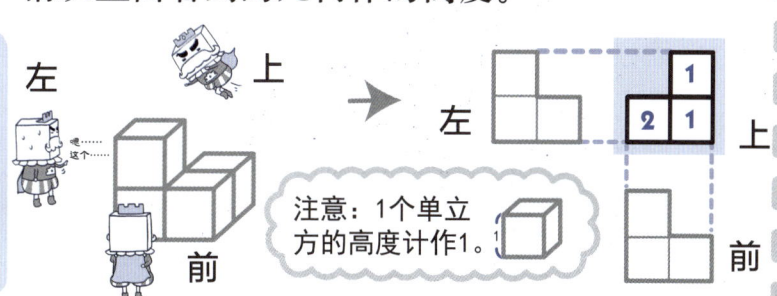

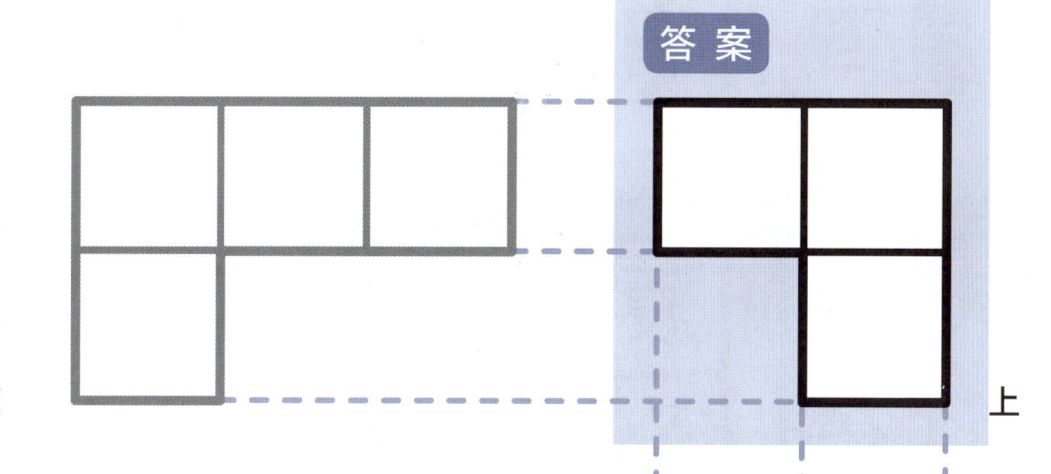

注意：1个单立方的高度计作1。

答案

用双立方和三立方完成几何体。以从左面和前面看到的图为参考，猜一猜从上面看到的几何体的高度。

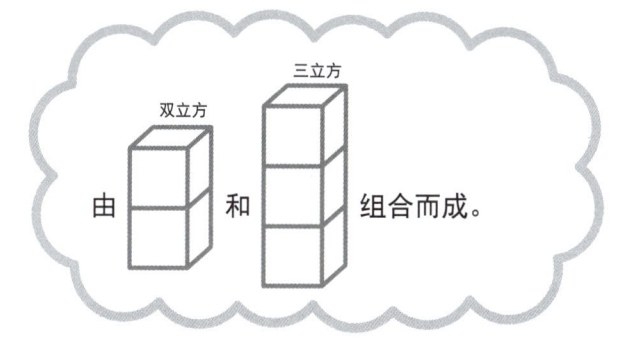

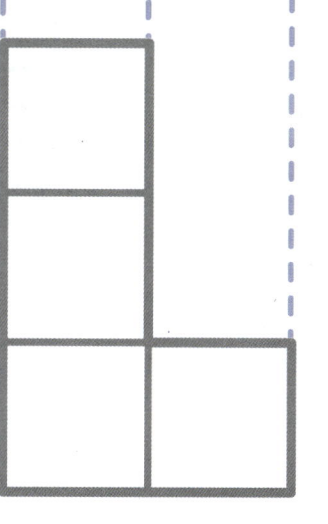

由 双立方 和 三立方 组合而成。

答案和解说 ☞ 第84页

5 咕噜咕噜大搜查

单立方的其中一面有颜色。在文字带上咕噜咕噜滚动时，把有颜色的面所经过的文字连连看。

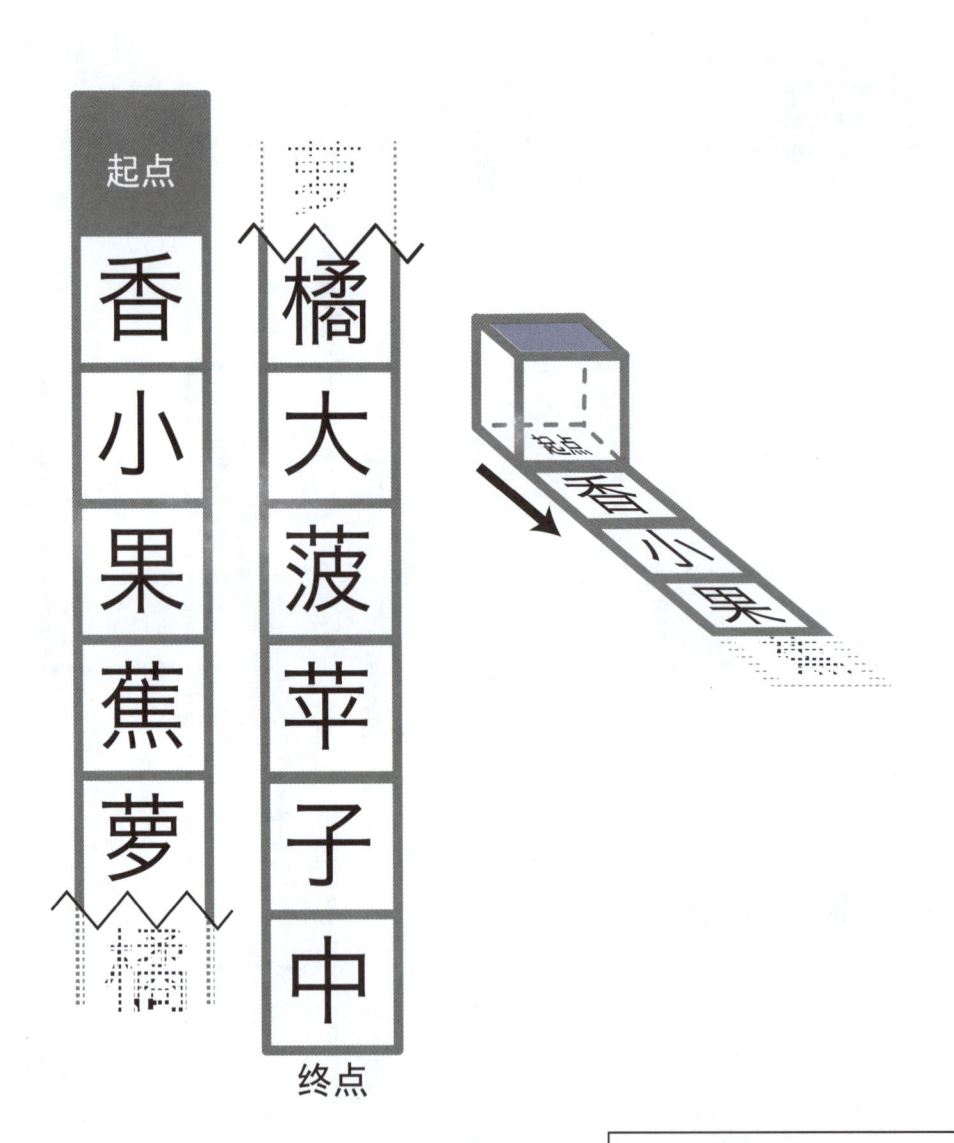

起点

香 小 果 蕉 萝

橘 大 菠 苹 子 中

终点

答案

6 平面拼图

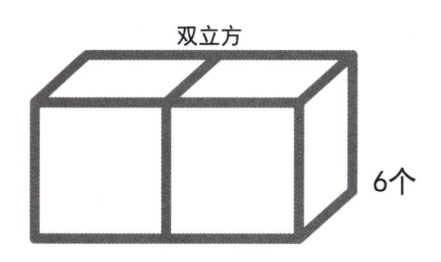

双立方

6个

用 6 个双立方正确填充下面的图形。

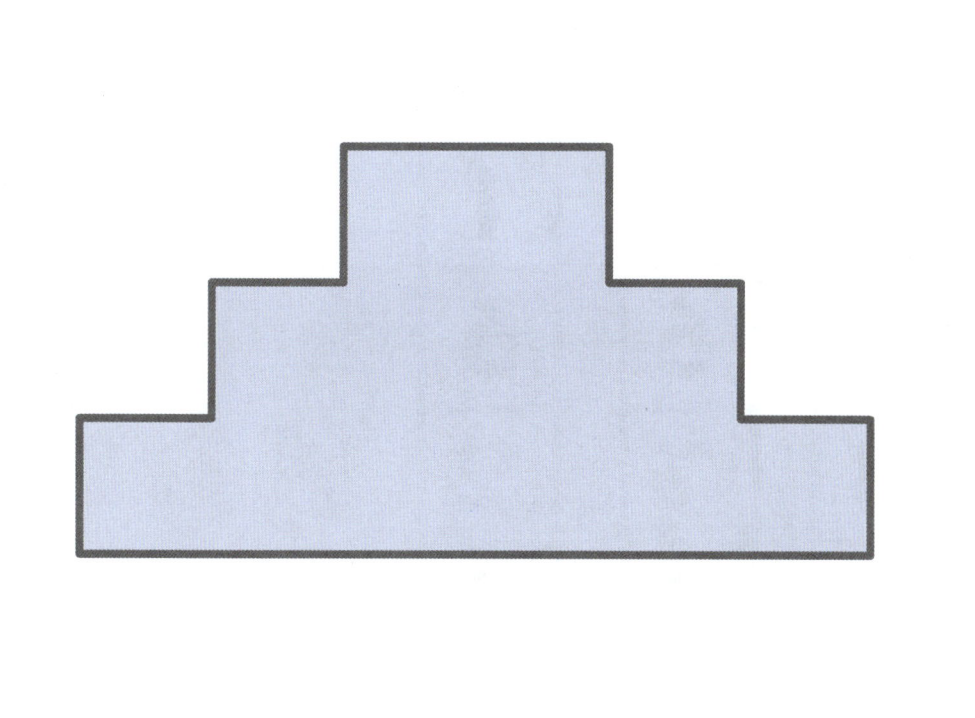

答案和解说 ☞ 第 84 页

7

7 咕噜咕噜大作战

单立方的其中一面有颜色。在数字带上咕噜咕噜滚动时，把有颜色的面所经过的数字加起来，和是多少呢？

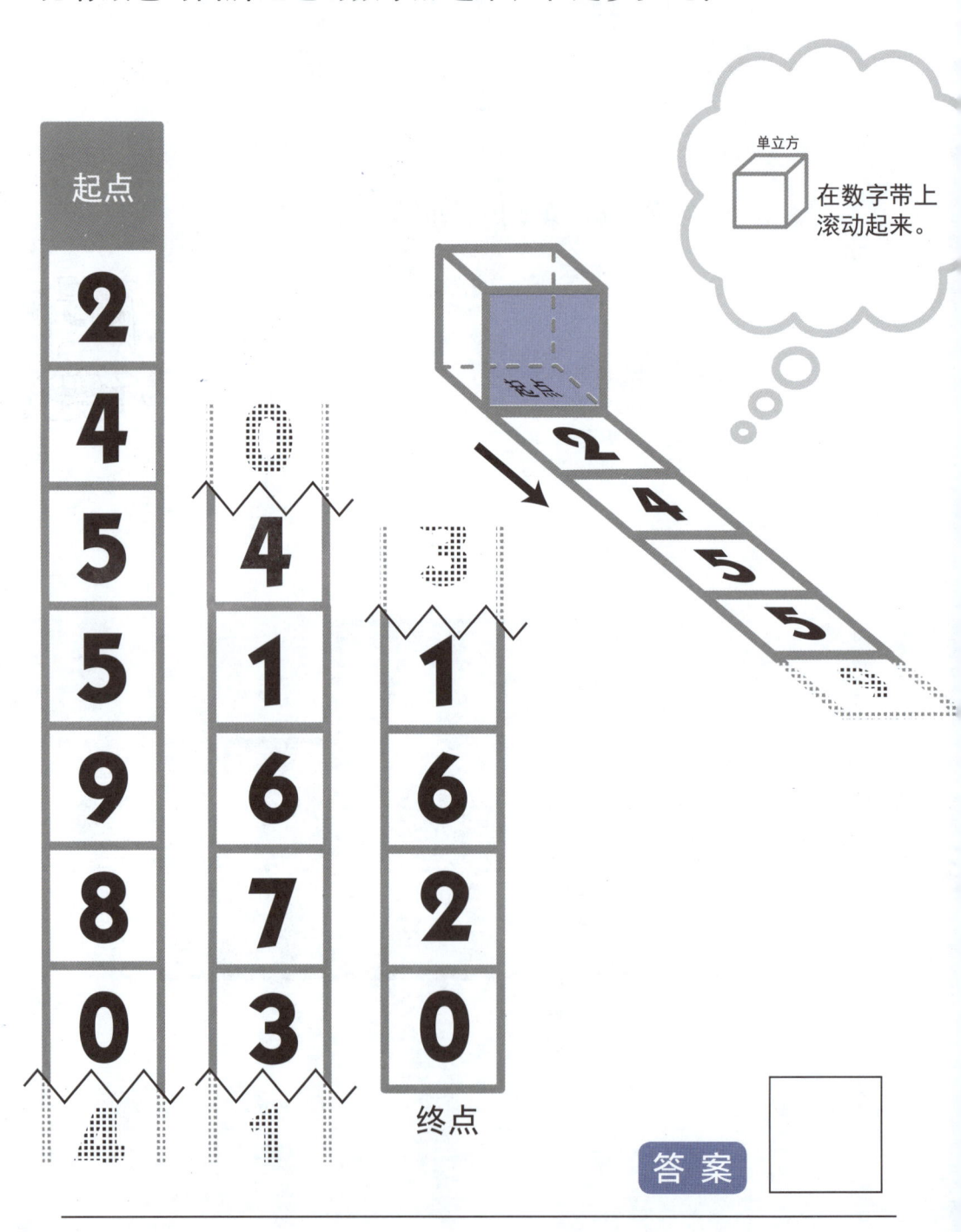

起点：2, 4, 5, 5, 9, 8, 0, 4

0, 4, 1, 6, 7, 3, 1

3, 1, 6, 2, 0 终点

答案

8 你说我猜

小立方说的是哪个几何体呢？

小立方说："双立方横倒在一边，在它的身上躺着1个单立方，并且这个几何体的重心偏右。"

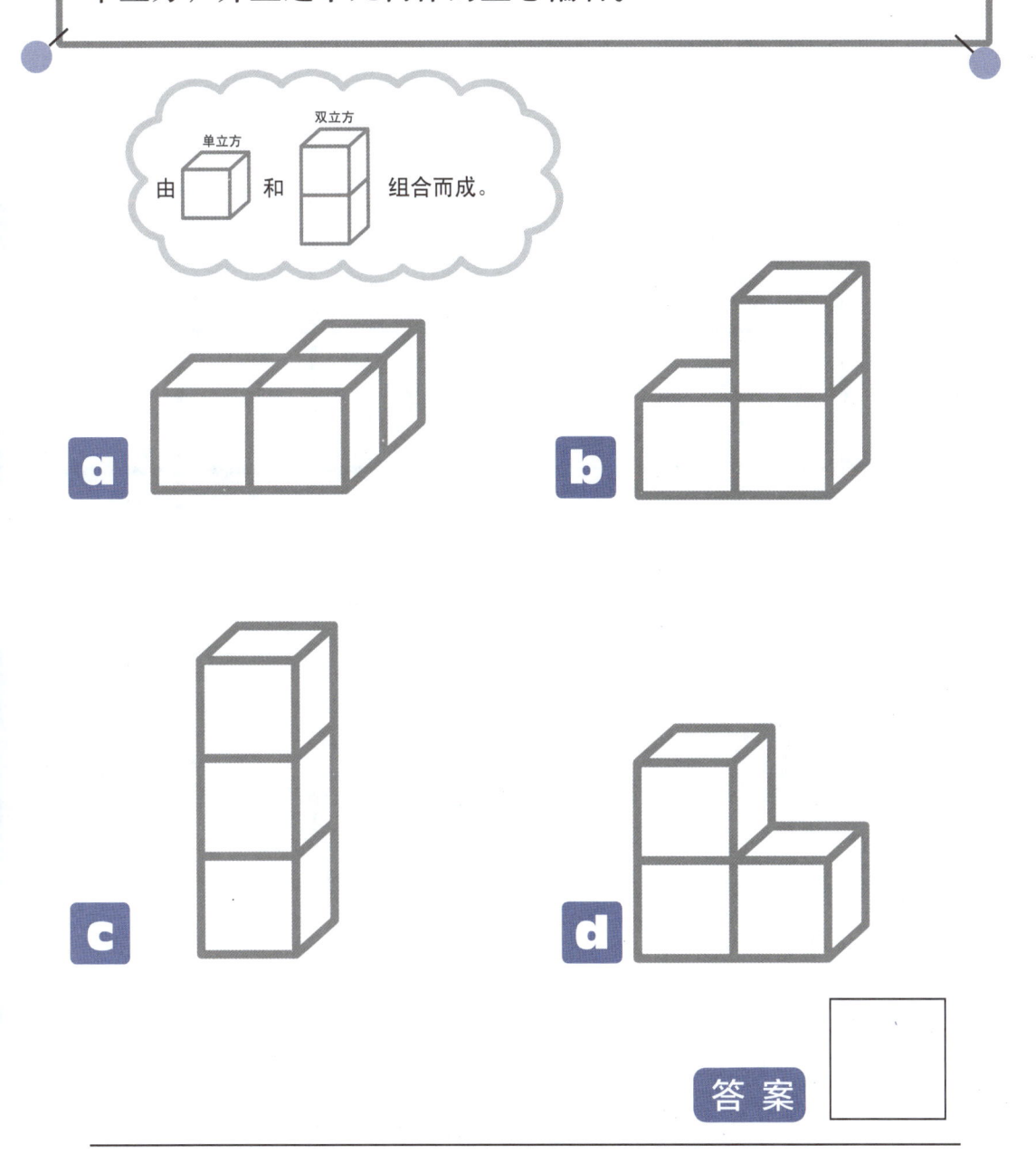

由 单立方 和 双立方 组合而成。

a

b

c

d

答案

答案和解说 ☞ 第85页

9 猜高度

用2个三立方完成几何体。以从左面和前面看到的图为参考，猜一猜从上面看到的几何体的高度。

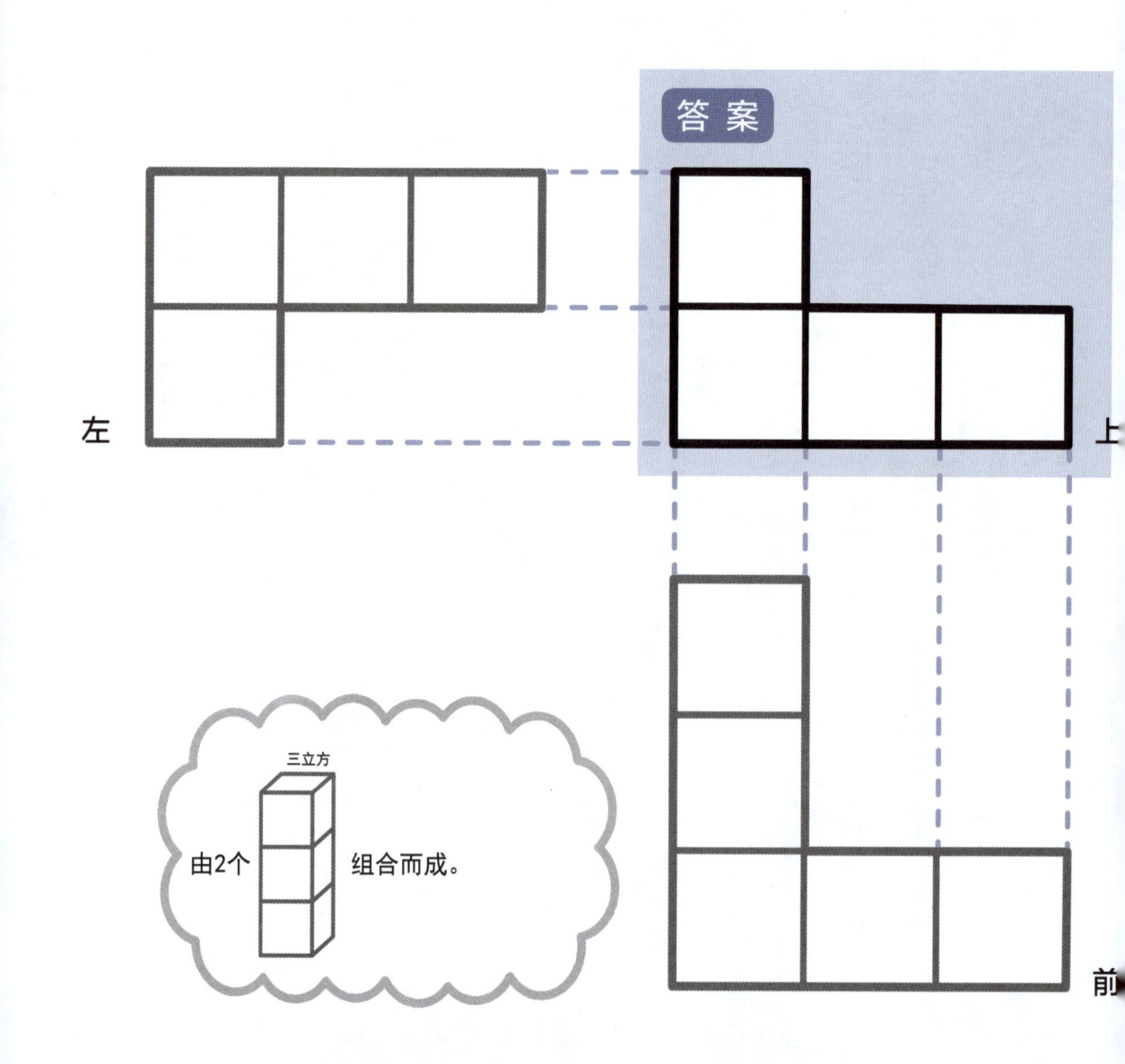

答案

左　上

由2个 三立方 组合而成。

前

10　　答案和解说☞第85页

10 咕噜咕噜大搜查

单立方的其中一面有颜色。在文字带上咕噜咕噜滚动时，把有颜色的面所经过的文字连连看。

起点

烧
宫
松
茄
块
保
子
香

香
桂
鸡
鼠
鱼
辣
丁
肉
丝

终点

答案

11 平面拼图

双立方

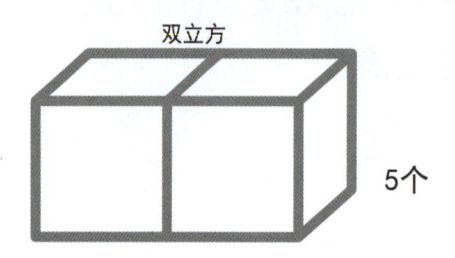

5个

用5个双立方正确填充。

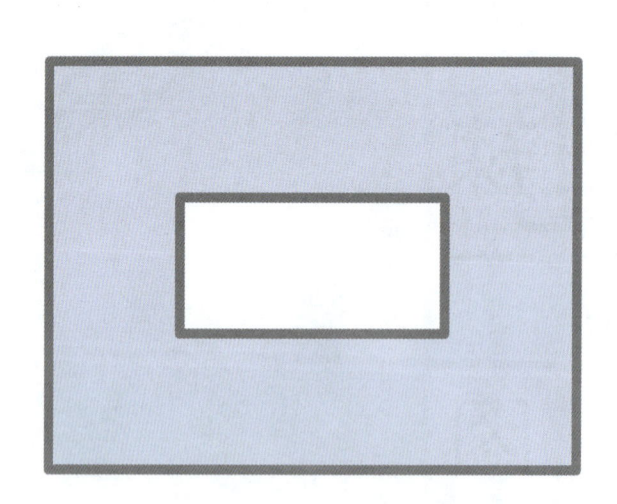

答案和解说 ☞ 第85页

12 咕噜咕噜大作战

单立方的其中 2 个面有颜色，在数字带上咕噜咕噜滚动时，把有颜色的面所经过的数字加起来，和是多少呢？

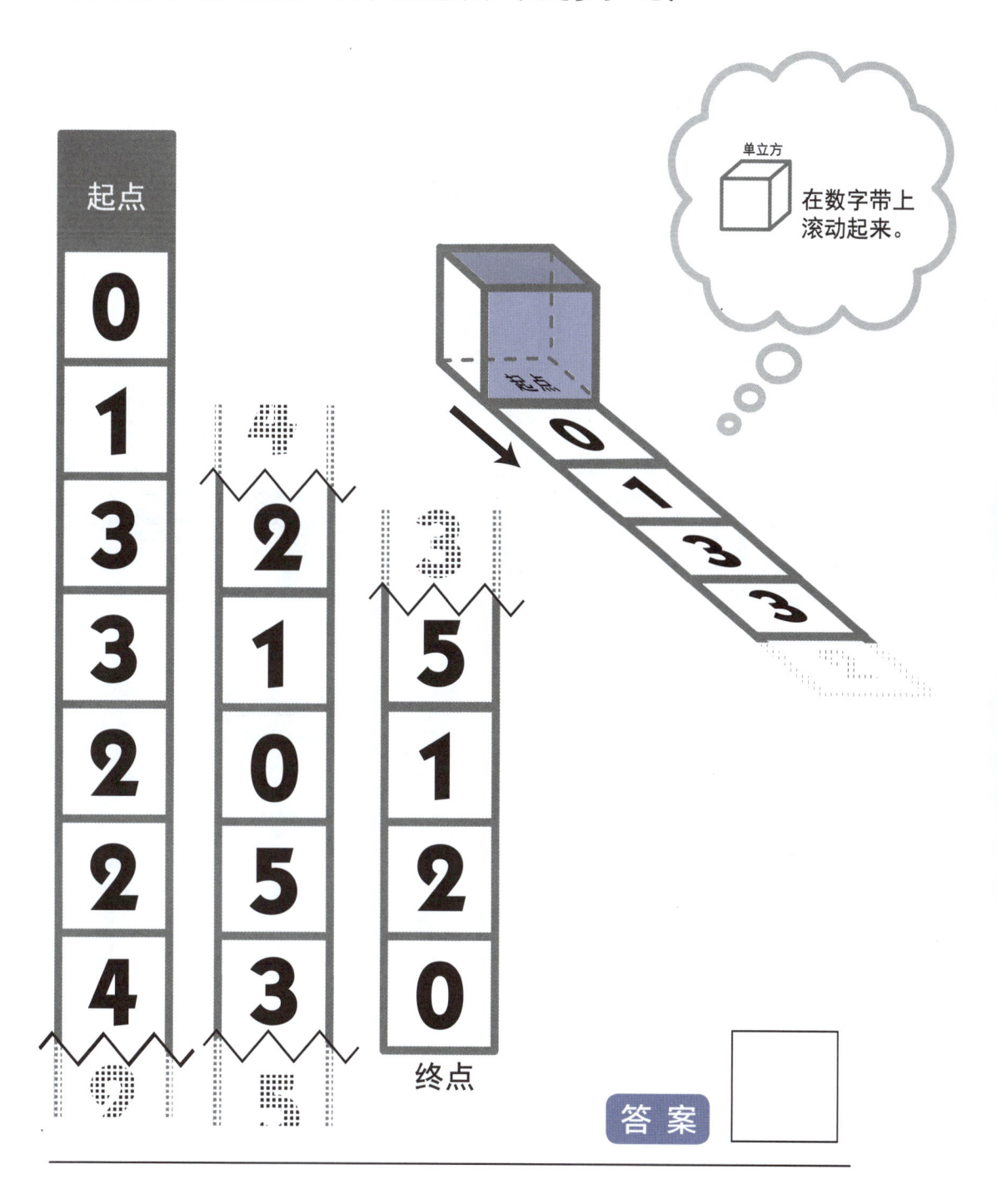

答案和解说 ☞ 第 85 页

13 你说我猜

小立方说的是哪个几何体呢？

小立方说："三立方高高站立，在它的右边躺着1个双立方，它俩紧紧贴在一起。"

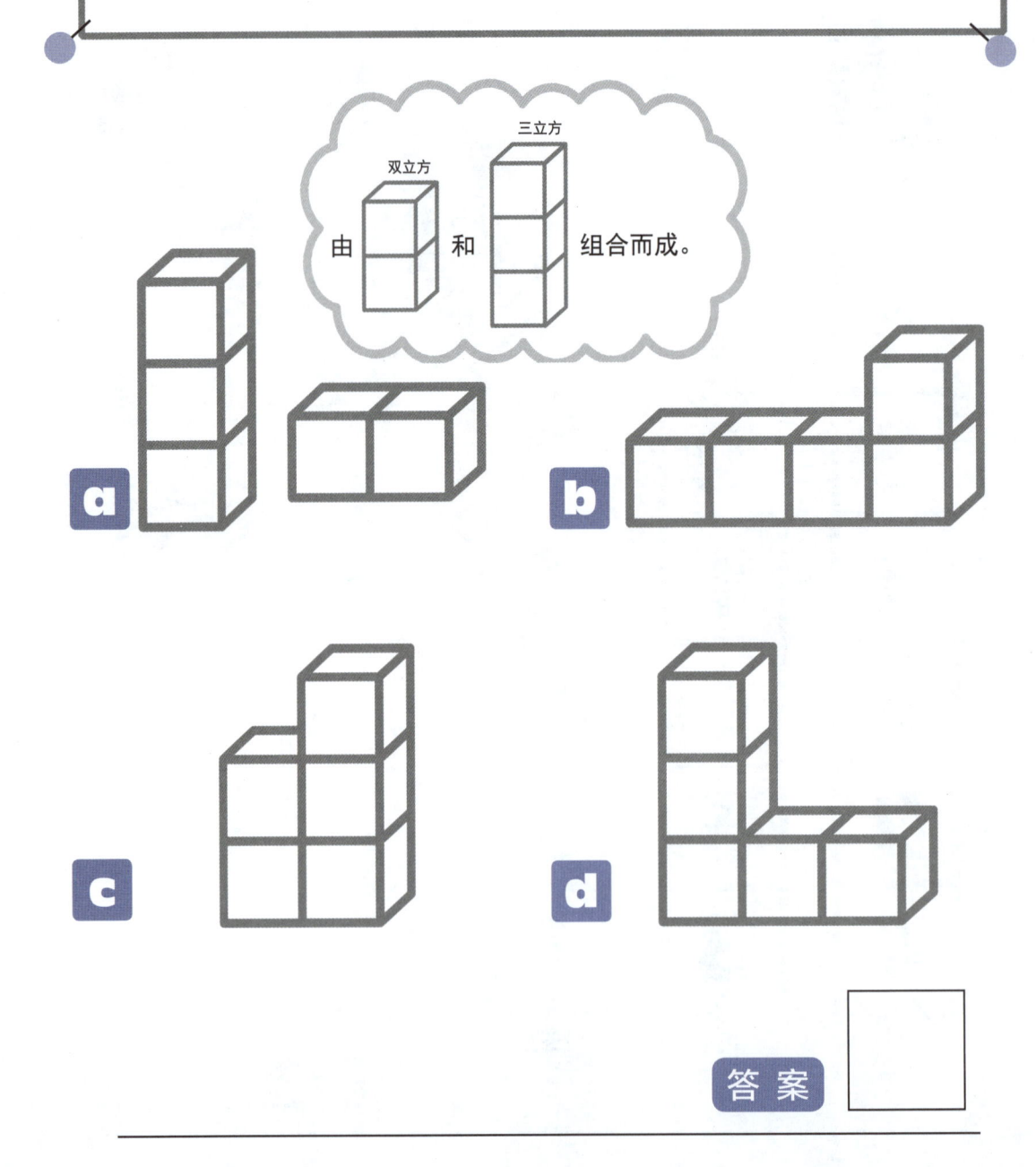

由 双立方 和 三立方 组合而成。

a

b

c

d

答案

答案和解说 ☞ 第86页

14 猜高度

用双立方和三立方完成几何体。以从左面和前面看到的图为参考，猜一猜从上面看到的几何体的高度。

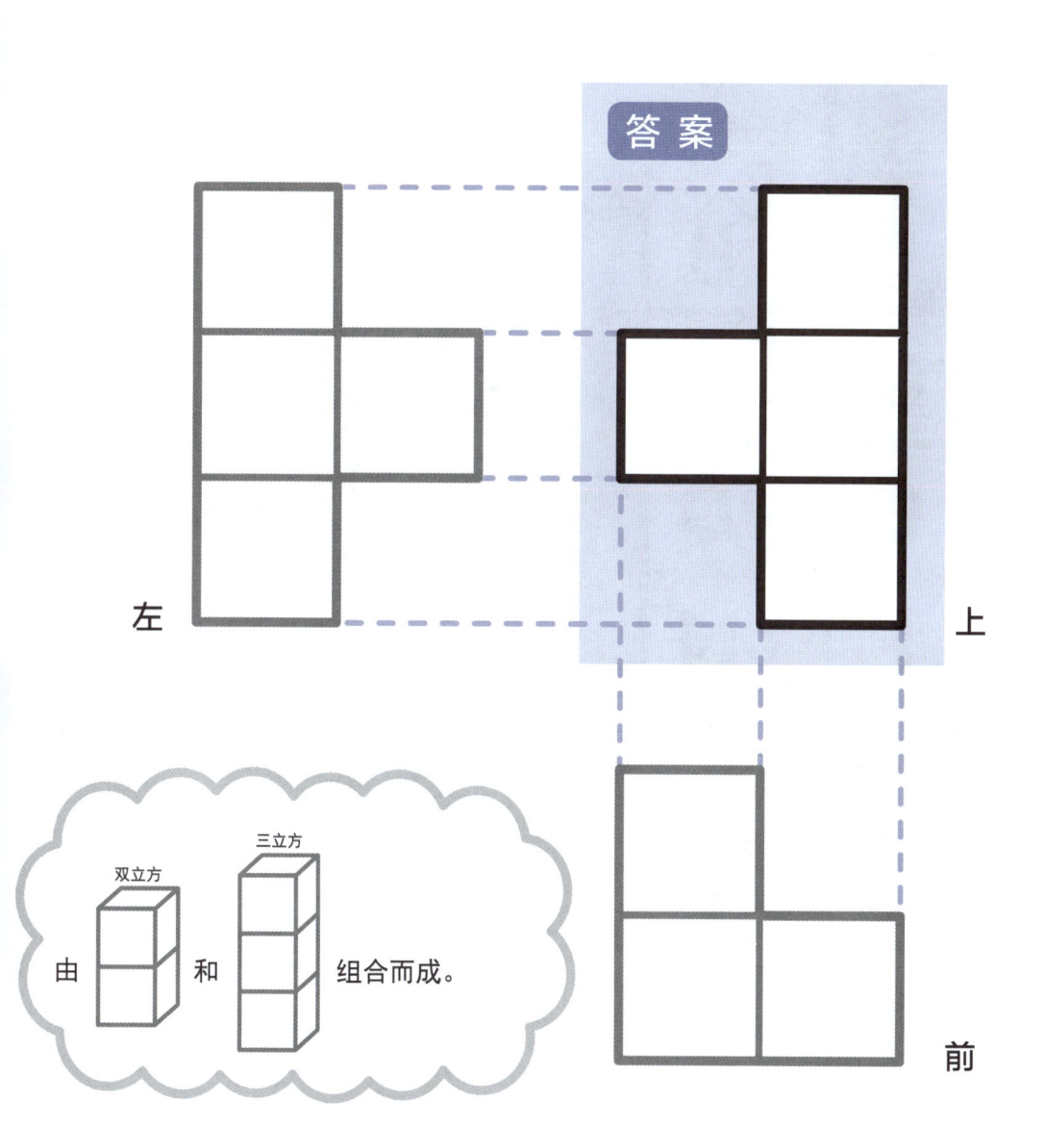

左

上

前

由 双立方 和 三立方 组合而成。

答案

答案和解说 ☞ 第86页

15 咕噜咕噜大搜查

双立方的其中2个面有颜色。在字母带上咕噜咕噜滚动时，把有颜色的面所经过的字母连连看。

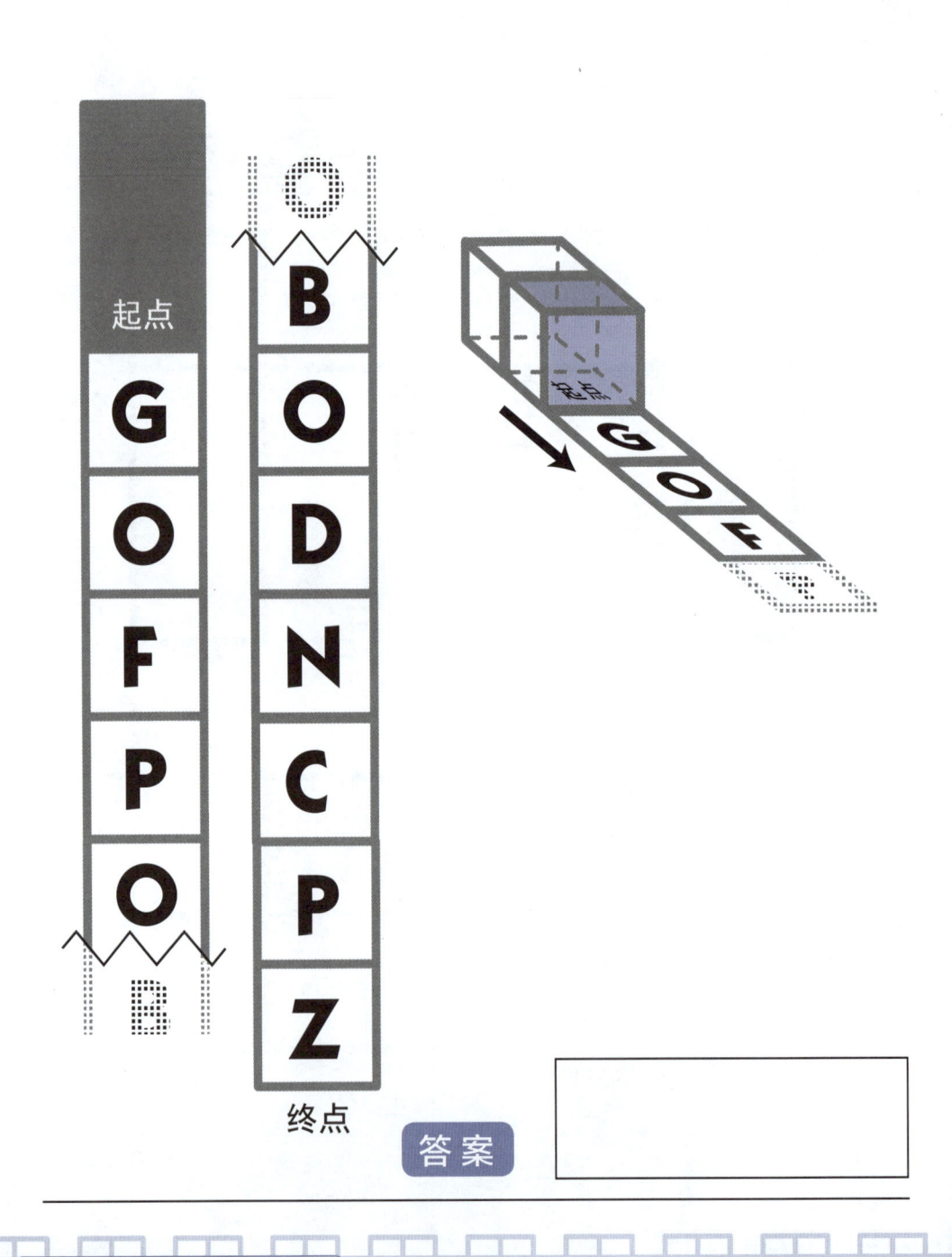

16 平面拼图

双立方　4个

三立方　1个

用这 5 个积木块正确填充下面的图形。

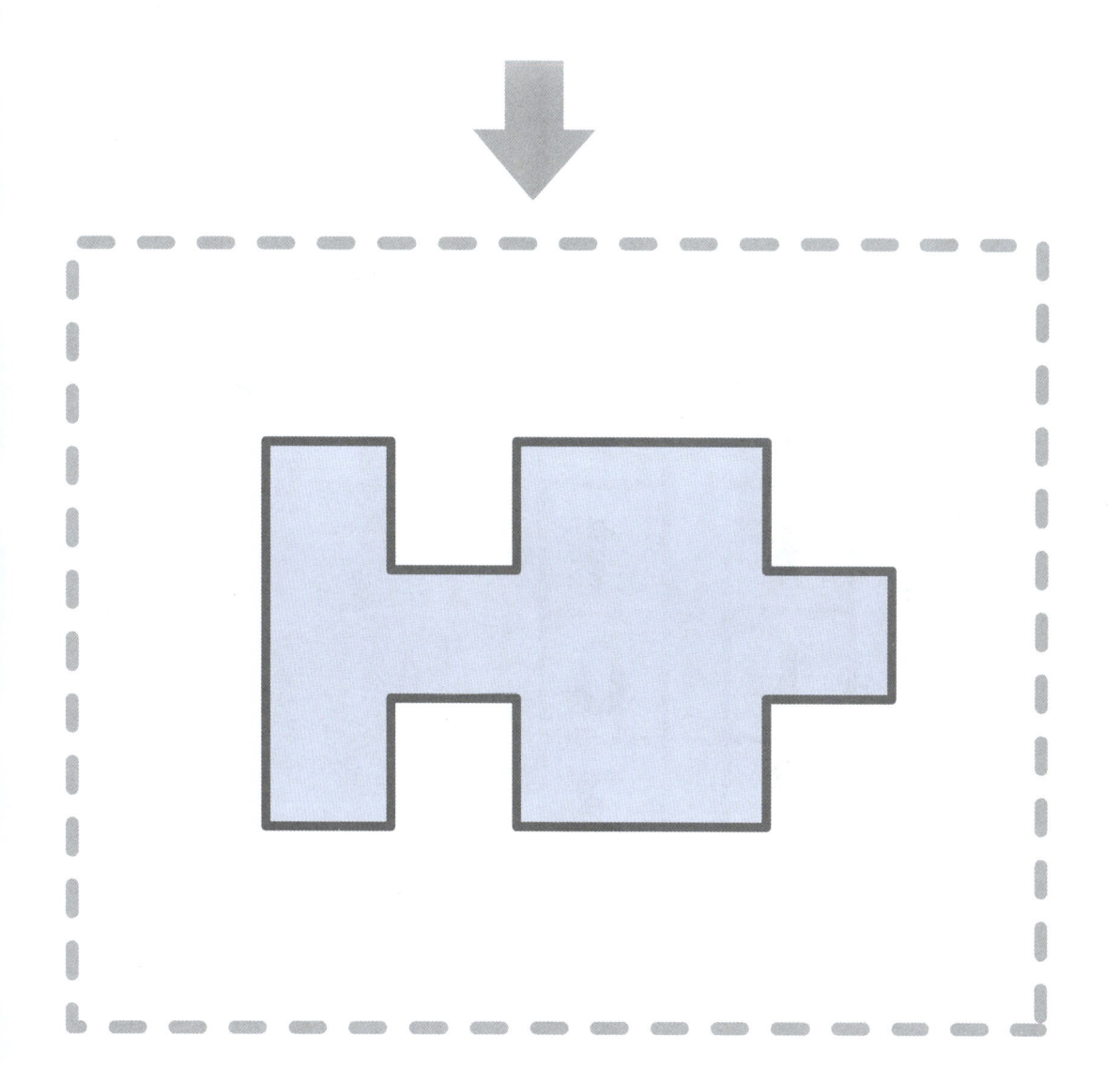

答案和解说 ☞ 第 86 页

17 咕噜咕噜大作战

双立方的其中1个面有颜色。在数字带上咕噜咕噜滚动时，把有颜色的面所经过的数字加起来，和是多少呢？

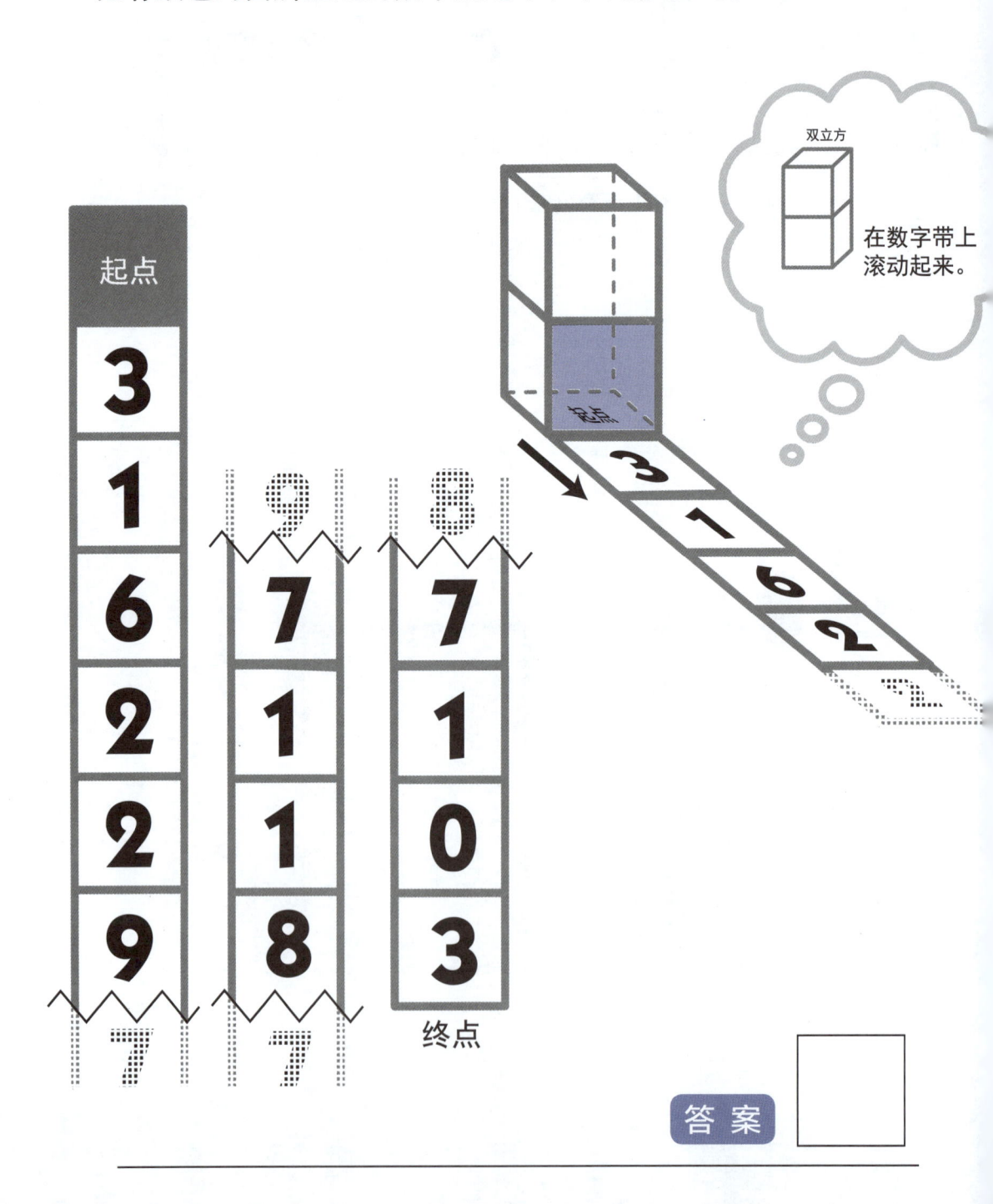

双立方
在数字带上滚动起来。

起点
3
1
6
2
2
9
⋮
7
⋮
9
7
1
1
8
⋮
7
⋮
8
7
1
0
3
终点

答案 ☐

答案和解说 ☞ 第86页

18 你说我猜

小立方说的是哪个几何体呢？

小立方说："双立方朝纸面内侧倒在一旁，1个三立方横躺在它的左侧。它们没有挨在一起。"

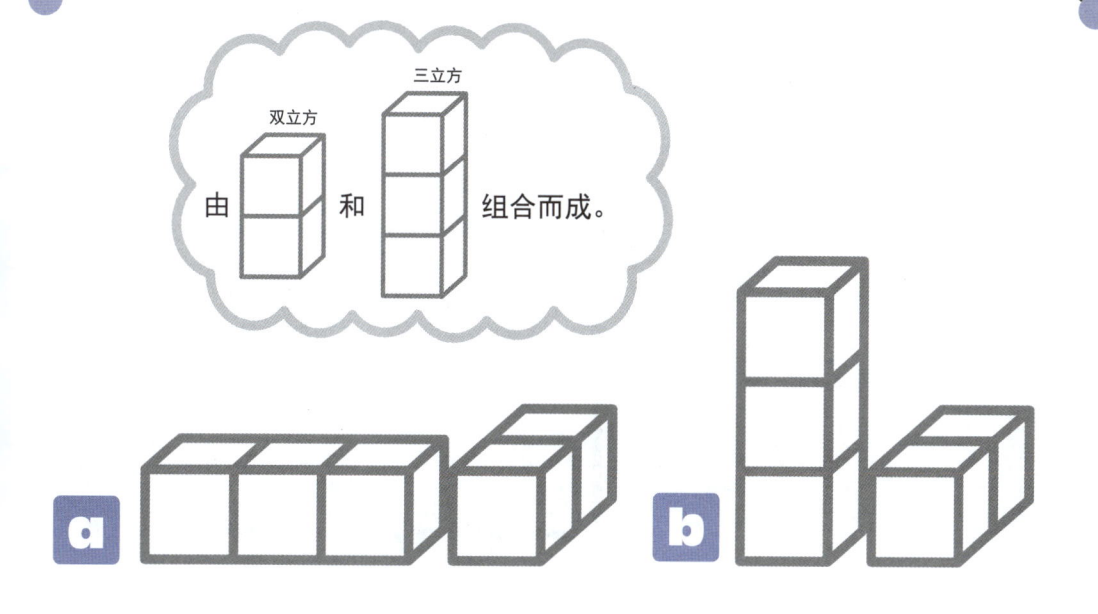

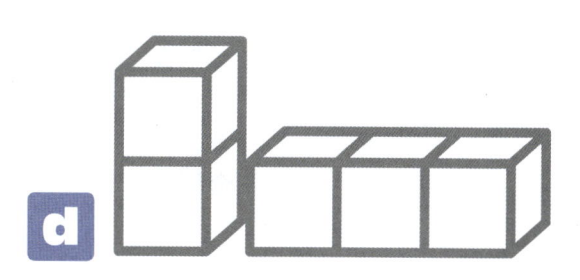

由 双立方 和 三立方 组合而成。

a

b

c

d

答案

答案和解说 ☞ 第86页

19 猜高度

用 3 个双立方完成几何体。以从左面和前面看到的图为参考，猜一猜从上面看到的几何体的高度。

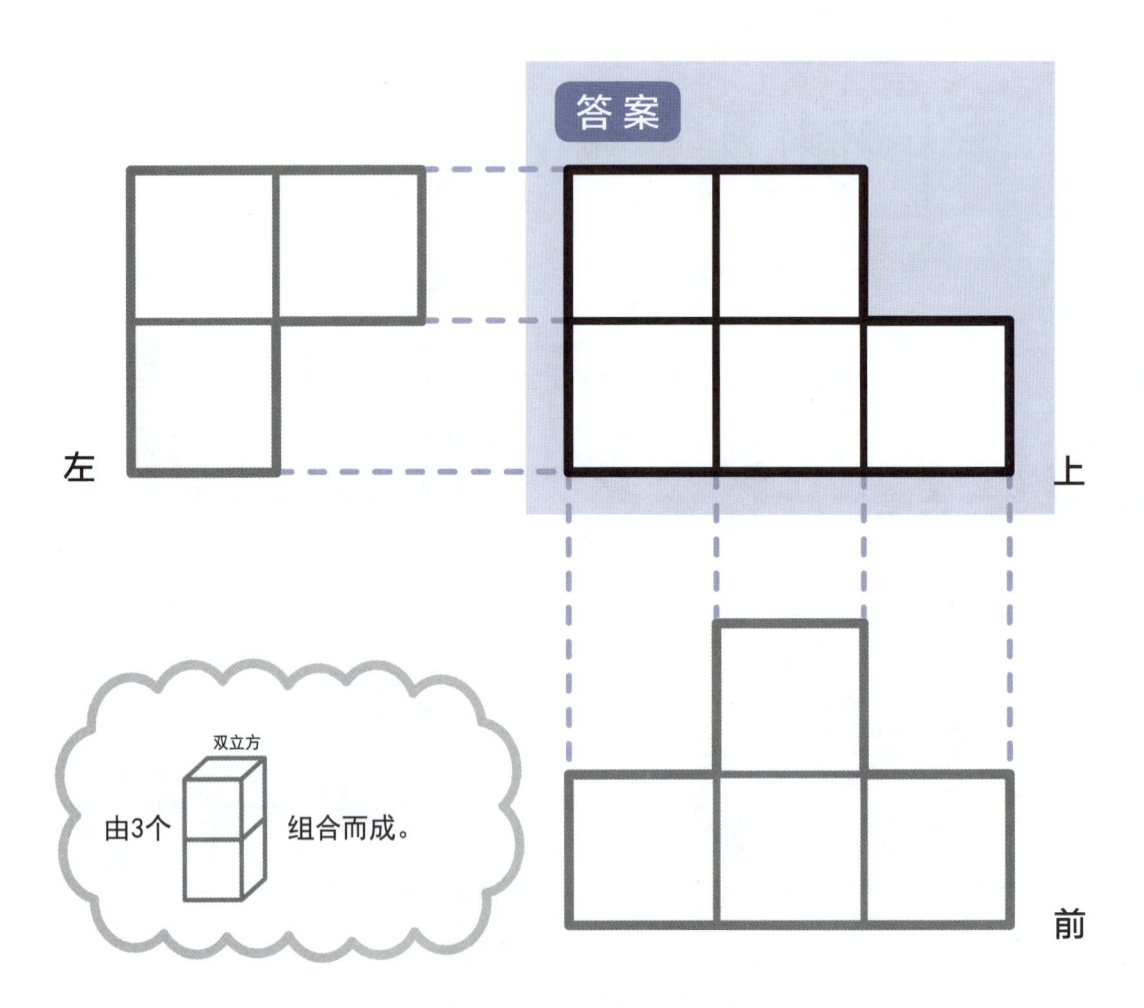

答案

左

上

前

由3个双立方组合而成。

20 咕噜咕噜大搜查

三立方的其中 2 个面有颜色。在文字带上咕噜咕噜滚动时，把有颜色的面所经过的文字连连看。

起点：一 耳 不 迅 器 及 里 路

里 路 做 子 二 海 雷 不 车

不 车 船 不 跑 休 掩 终点

答案：

21 平面拼图

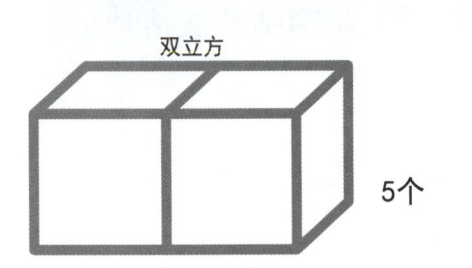

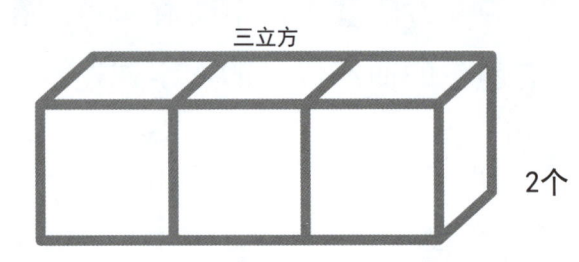

双立方　5个

三立方　2个

用这 7 个积木块正确填充下面的图形。

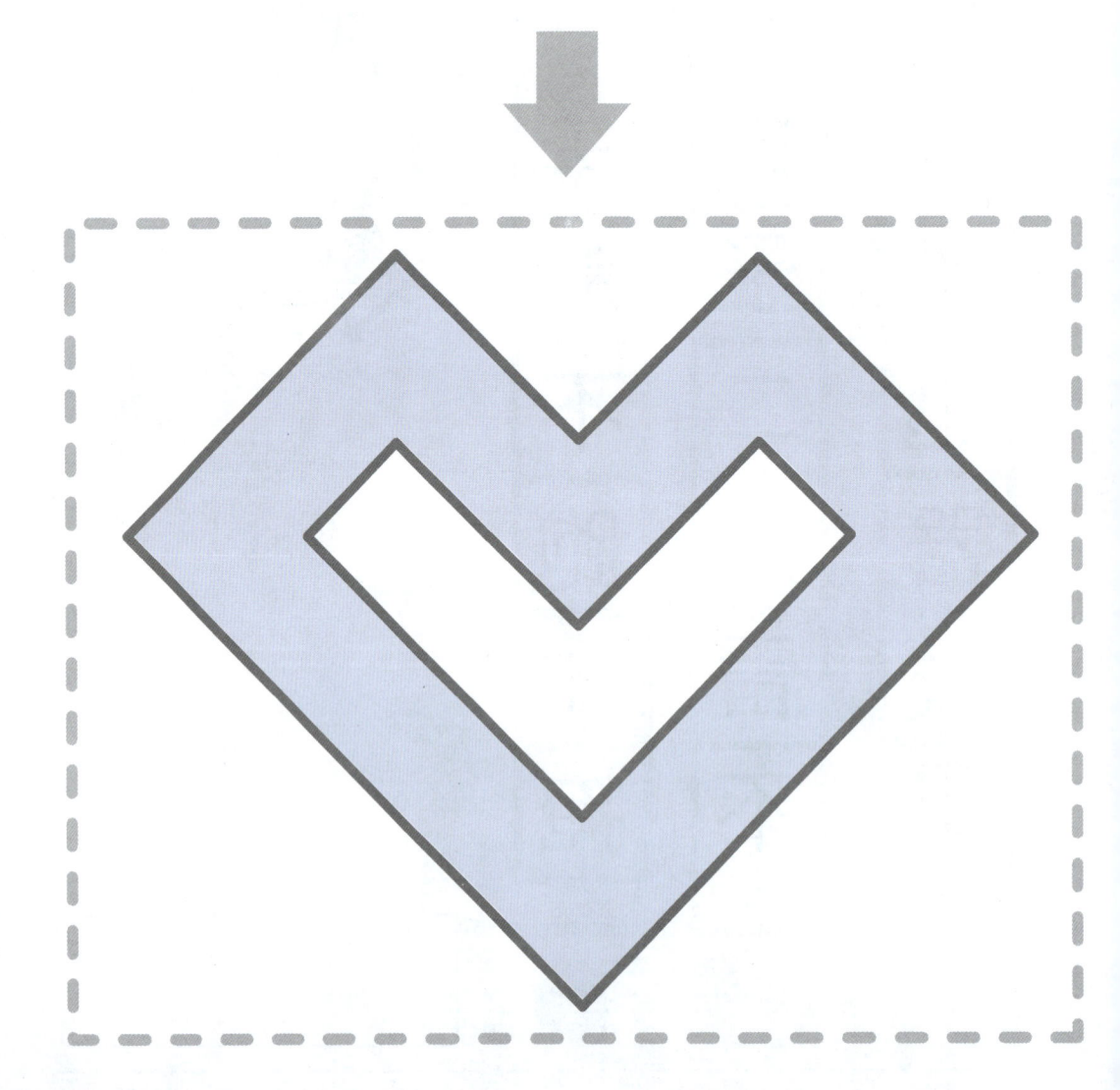

22 咕噜咕噜大作战

双立方的其中2个面有颜色。在数字带上咕噜咕噜滚动时，把有颜色的面所经过的数字加起来，和是多少呢？

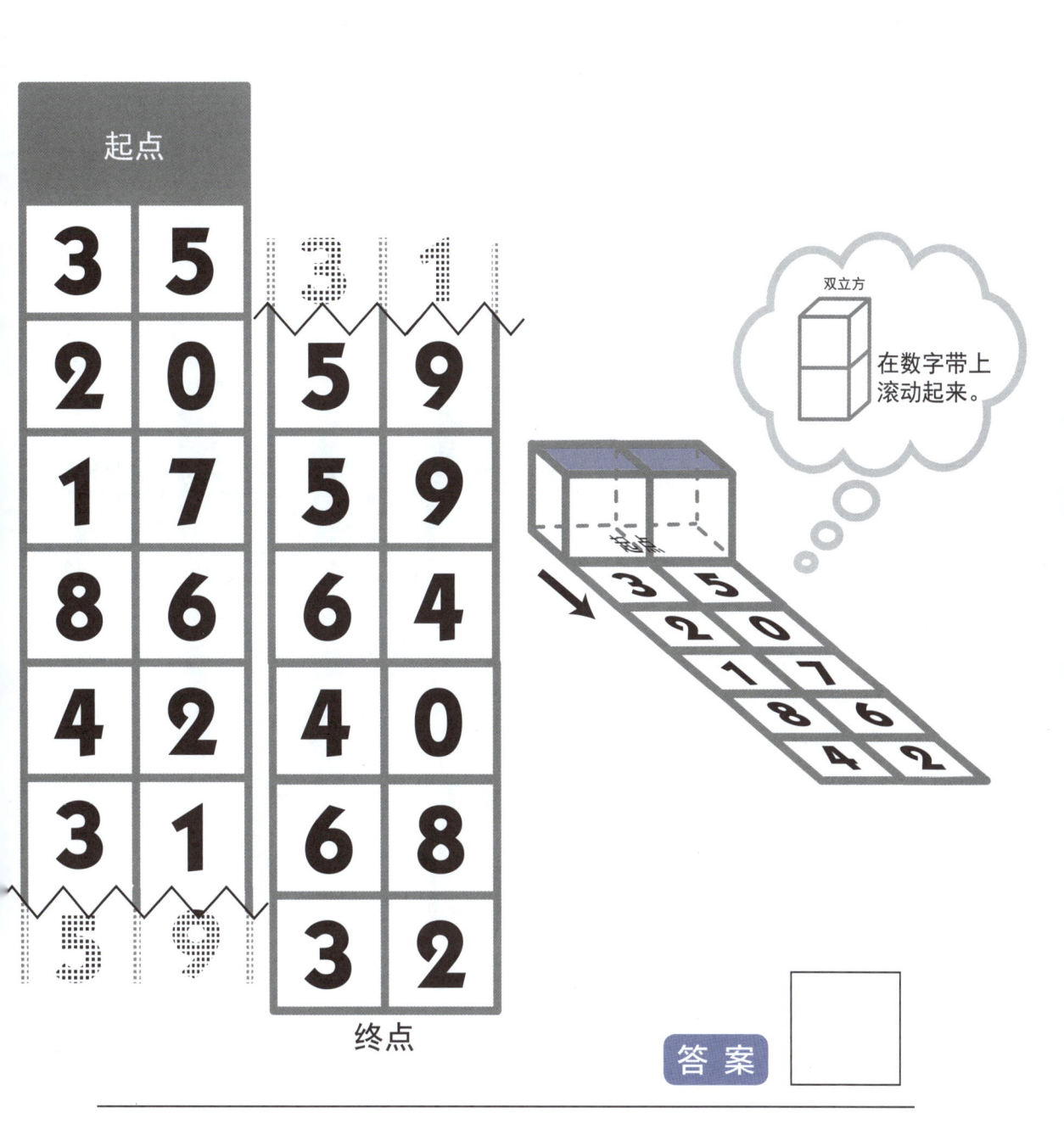

起点

3	5
2	0
1	7
8	6
4	2
3	1
5	9

3	1
5	9
5	9
6	4
4	0
6	8
3	2

终点

双立方

在数字带上滚动起来。

答案

23 你说我猜

小立方说的是哪个几何体呢？

小立方说："2个单立方摆在两侧，在它们中间站着1个双立方。双立方紧紧挨着2个单立方。"

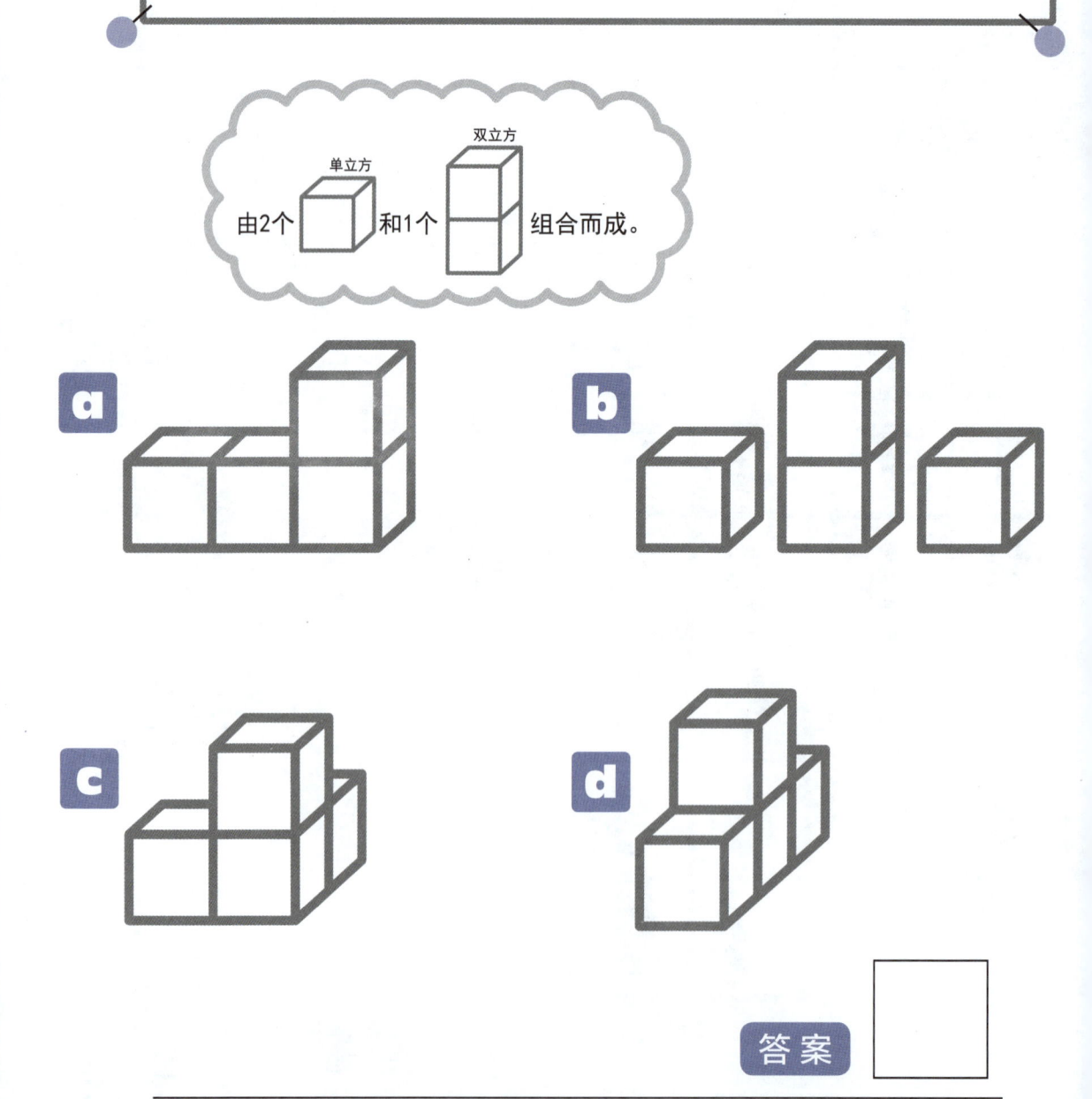

由2个 单立方 和1个 双立方 组合而成。

a

b

c

d

答案

答案和解说 ☞ 第87页

24 猜高度

用 1 个单立方和 2 个双立方完成几何体。以从左面和前面看到的图为参考，猜一猜从上面看到的几何体的高度。

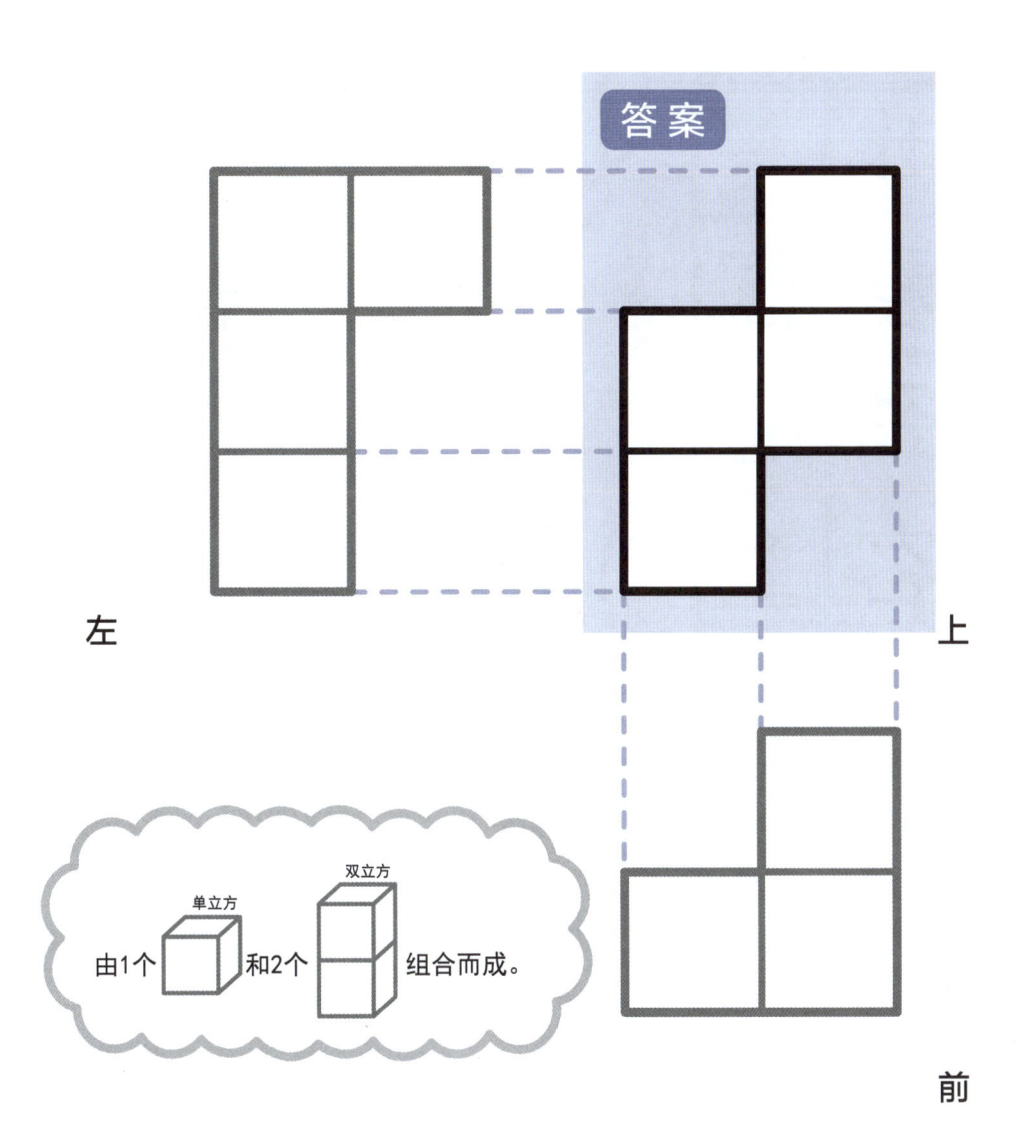

答案

左

上

前

由 1 个 单立方 和 2 个 双立方 组合而成。

答案和解说 ☞ 第 87 页

25 咕噜咕噜大搜查

三立方的其中 2 个面有颜色。在文字带上咕噜咕噜滚动时，把有颜色的面所经过的文字连连看。

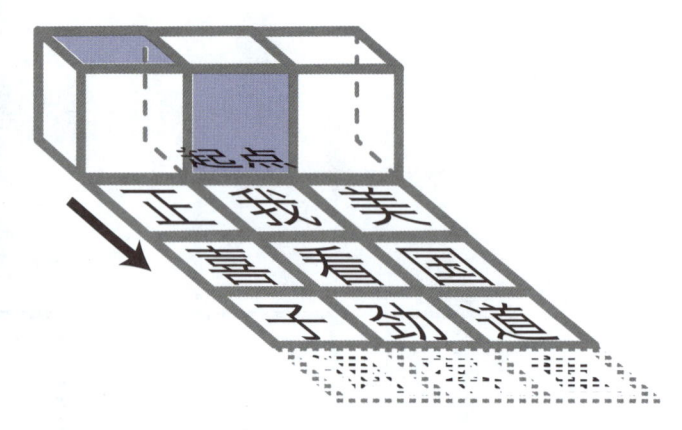

起点

正	我	美
喜	看	国
子	劲	道
词	客	童
心	欢	杯
立	丽	练
味	好	善

味	好	善
身	知	量
我	体	趣
王	重	真

终点

答案

26 平面拼图

双立方　6个

三立方　2个

用这 8 个积木块正确填充下面的图形。

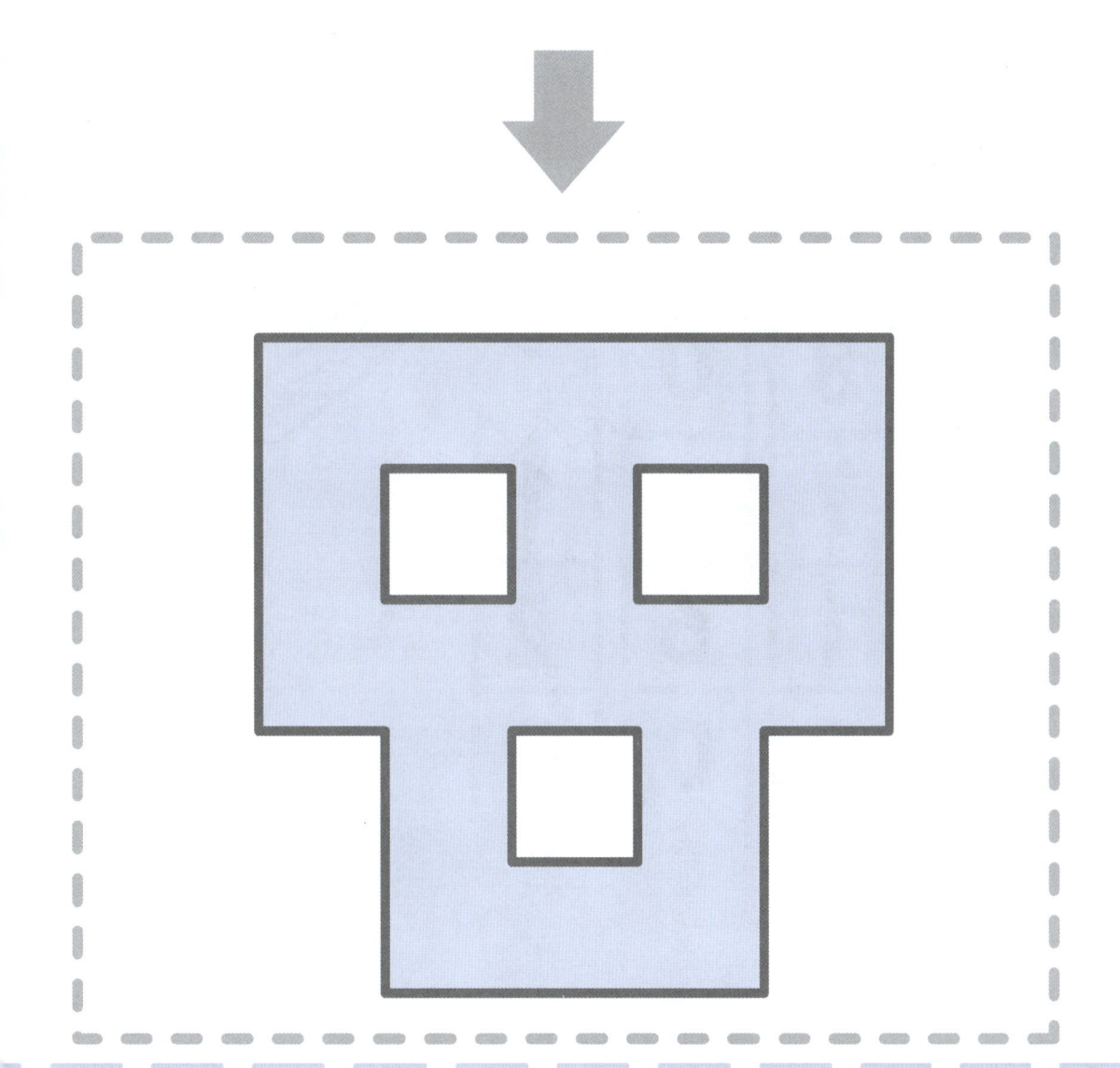

答案和解说 ☞ 第88页

27 咕噜咕噜大作战

三立方的其中3个面有颜色。在数字带上咕噜咕噜滚动时，把有颜色的面所经过的数字加起来，和是多少呢？

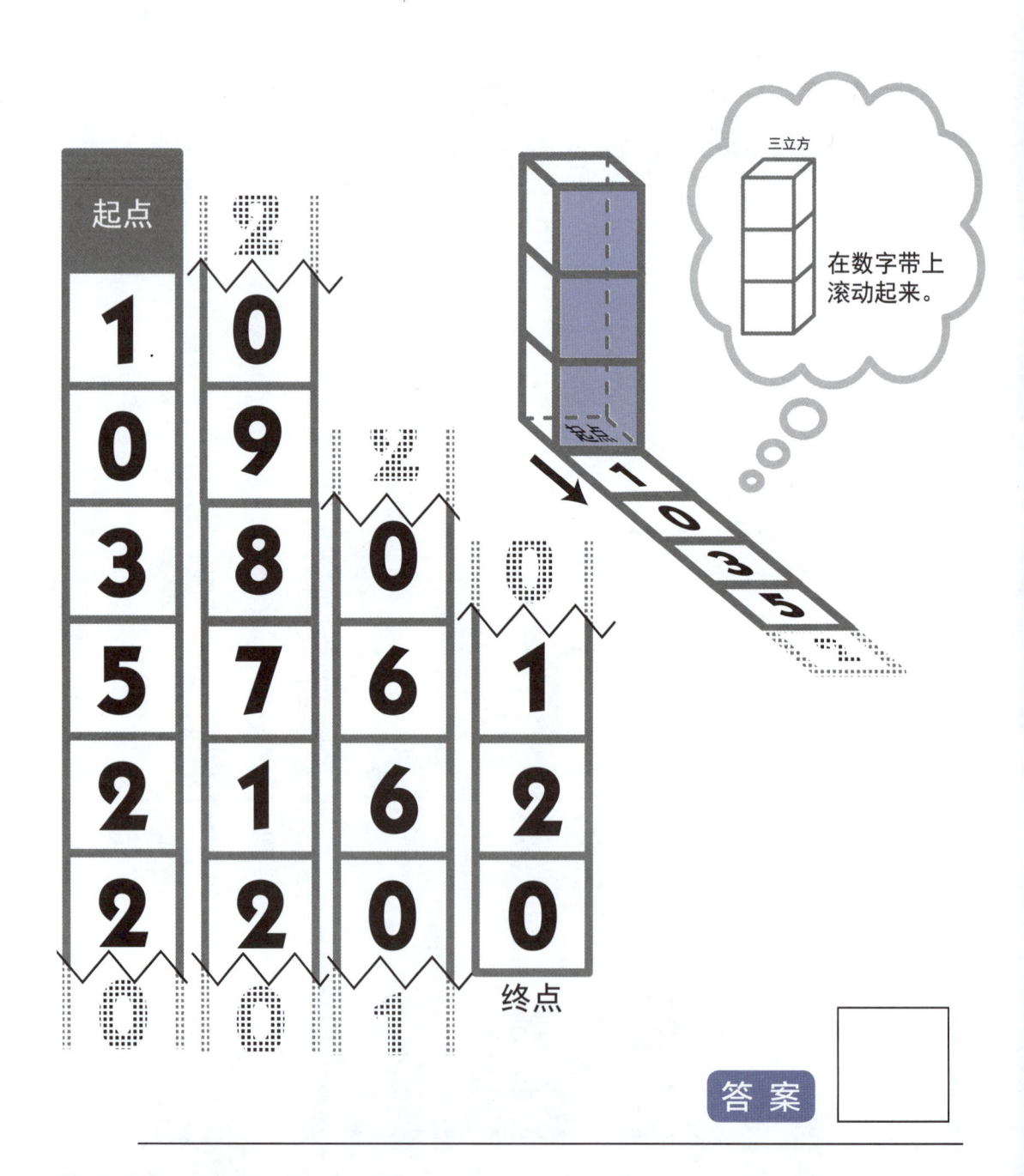

三立方

在数字带上滚动起来。

起点

1	0	2	0
0	9	0	1
3	8	6	2
5	7	2	0
2	1	0	终点
2	2		

答案

答案和解说 ☞ 第88页

28 你说我猜

小立方说的是哪个几何体呢?

小立方说:"三立方横躺在一边,在它的身上摆着2个单立方,2个单立方离得远远的。"

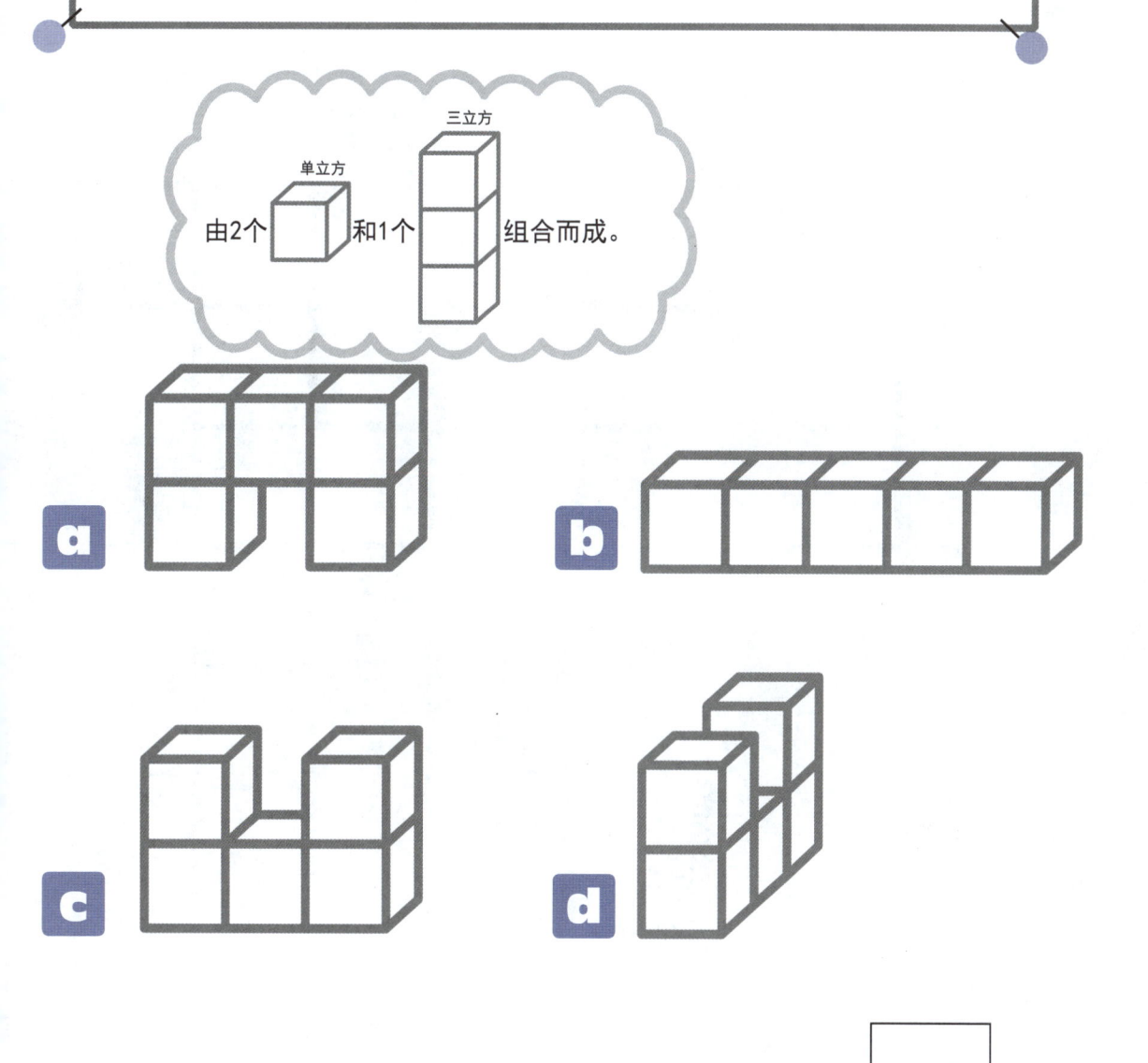

由2个 单立方 和1个 三立方 组合而成。

a

b

c

d

答案

答案和解说☞第88页

29 猜高度

用 2 个双立方和 1 个三立方完成几何体。以从左面和前面看到的图为参考，猜一猜从上面看到的几何体的高度。

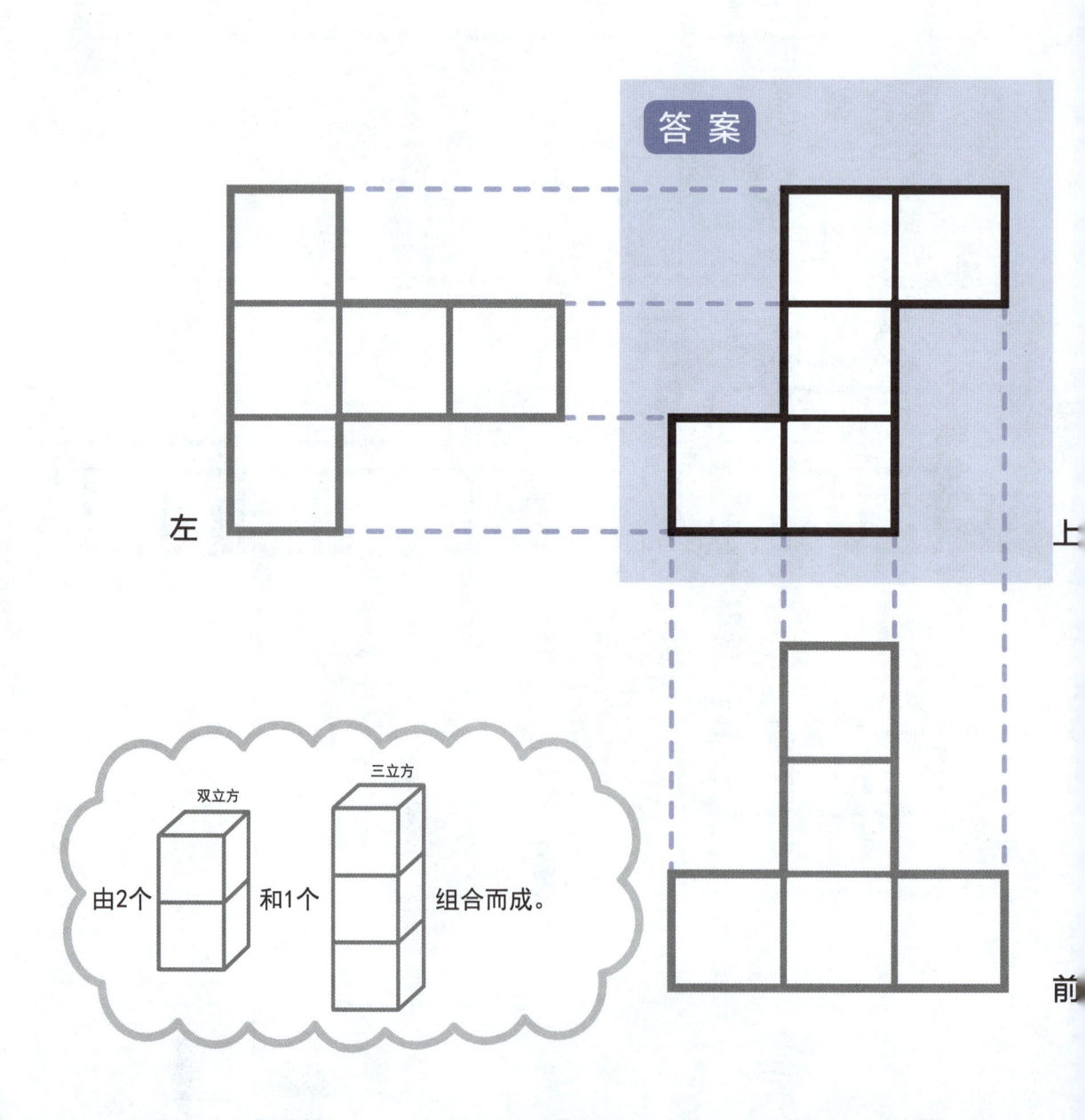

答案

左 / 上 / 前

由 2 个 双立方 和 1 个 三立方 组合而成。

30 咕噜咕噜大搜查

单立方的其中2个面有颜色。在文字带上咕噜咕噜滚动时，把有颜色的面所经过的文字连连看。

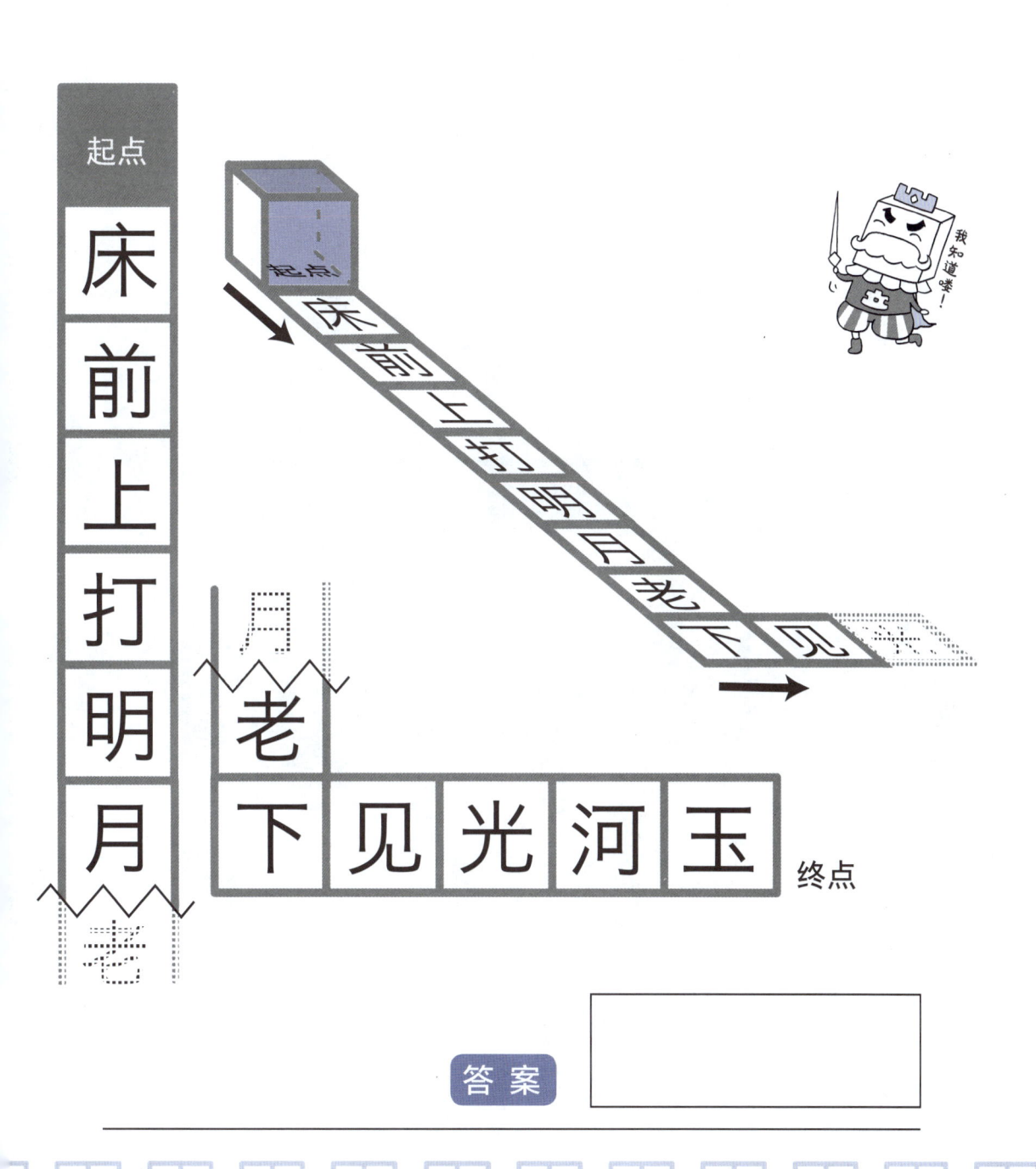

起点：床 前 上 打 明 月 老

老 下 见 光 河 玉 终点

答案

31 平面拼图

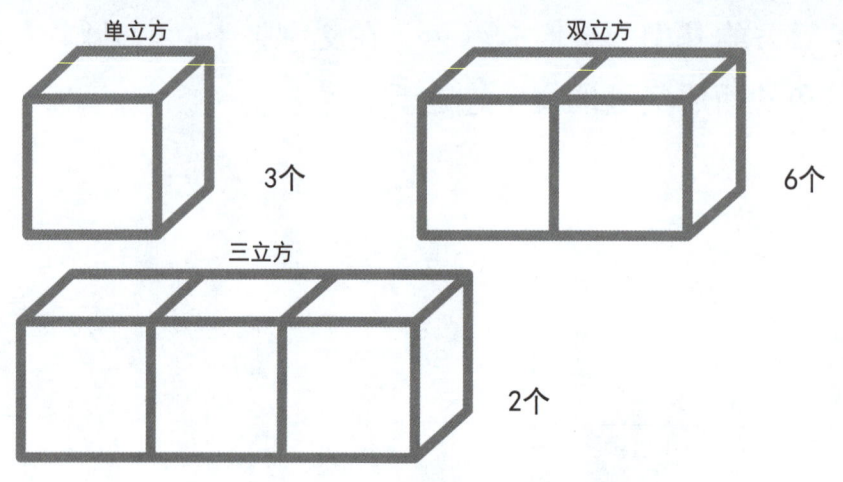

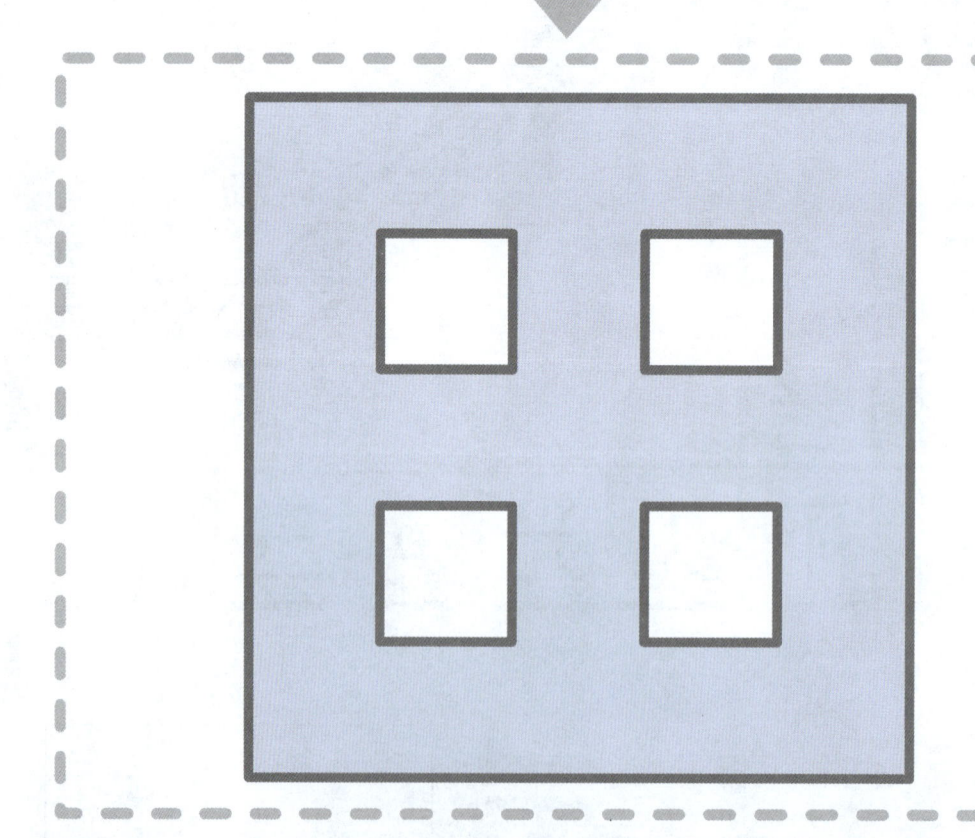

单立方 3个

双立方 6个

三立方 2个

用这11个积木块正确填充下面的图形。

答案和解说 ☞ 第89页

32 咕噜咕噜大作战

三立方的其中 2 个面有颜色。在数字带上咕噜咕噜滚动时，把有颜色的面所经过的数字加起来，和是多少呢？

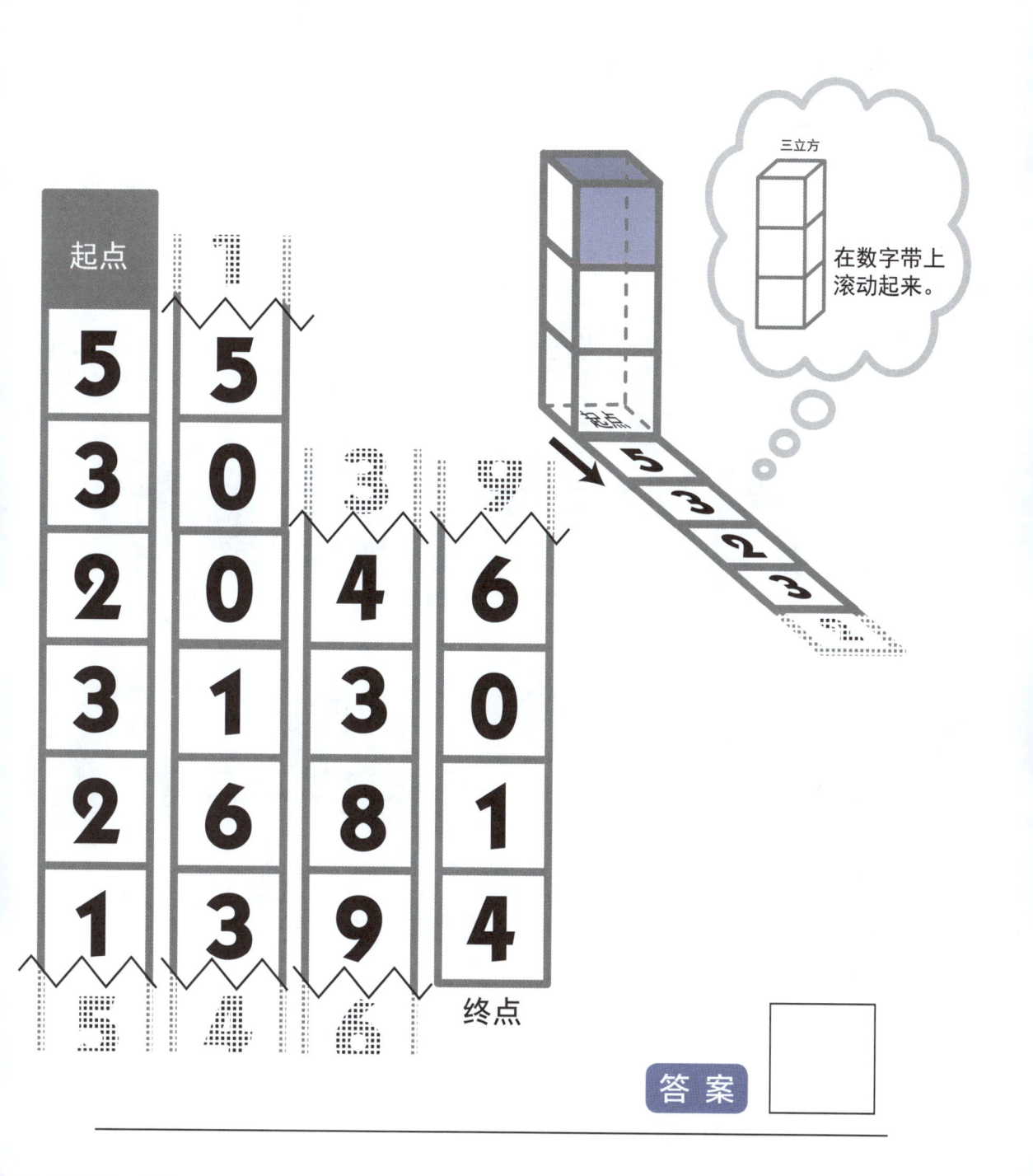

三立方

在数字带上滚动起来。

起点	7	3	7
5	5	3	0
3	0	0	4
2	0	4	6
3	1	3	0
2	6	8	1
1	3	9	4
5	4	6	终点

答案

答案和解说 ☞ 第 89 页

33 你说我猜

月 日

小立方说的是哪个几何体呢？

小立方说："双立方和三立方朝纸面内侧倒在一边，并且离得有点距离，在它们身上还躺着1个三立方。"

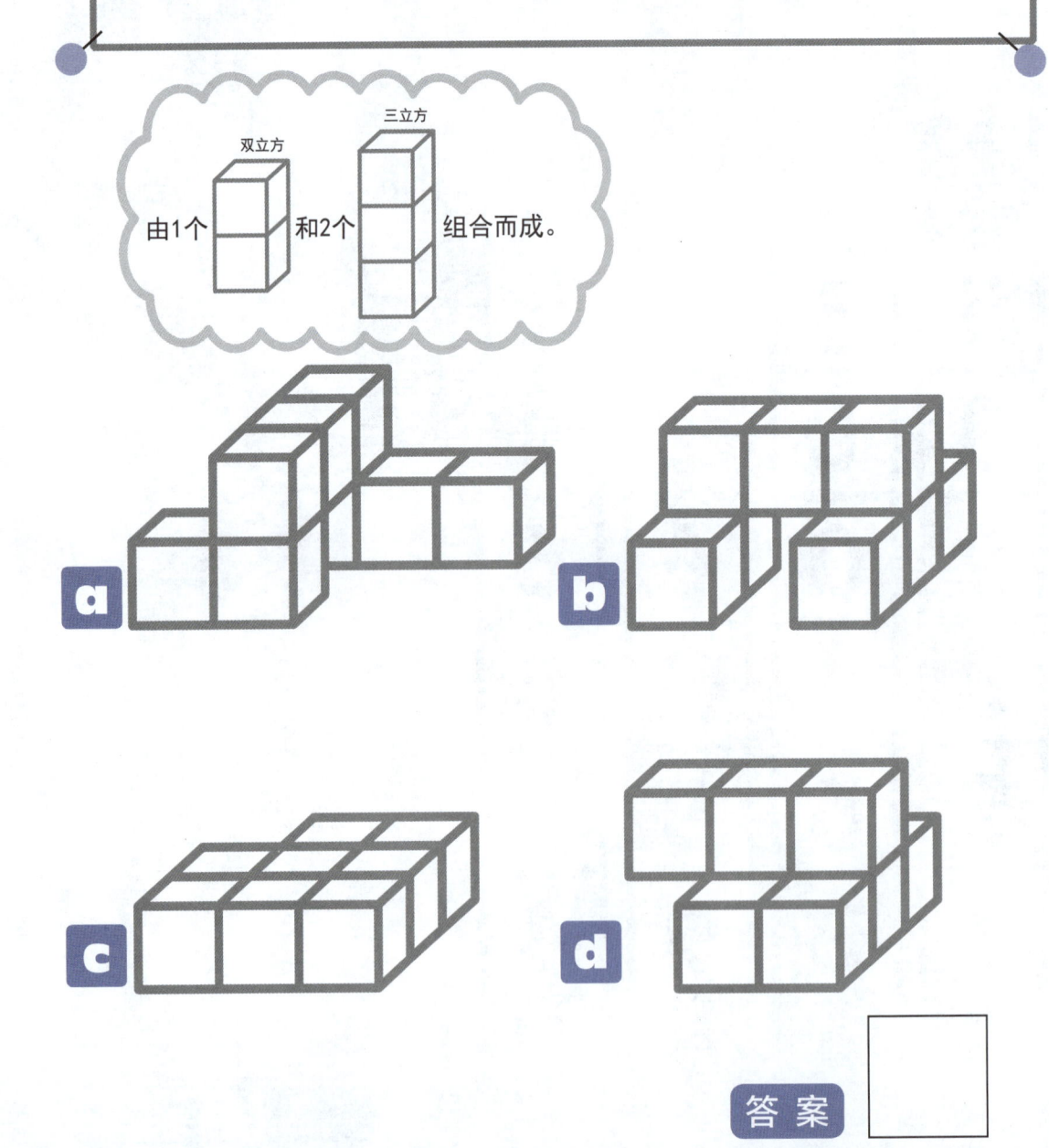

由1个 双立方 和2个 三立方 组合而成。

a

b

c

d

答案

答案和解说 ☞ 第89页

34

34 猜高度

用单立方、双立方和三立方完成几何体。以从左面和前面看到的图为参考,猜一猜从上面看到的几何体的高度。

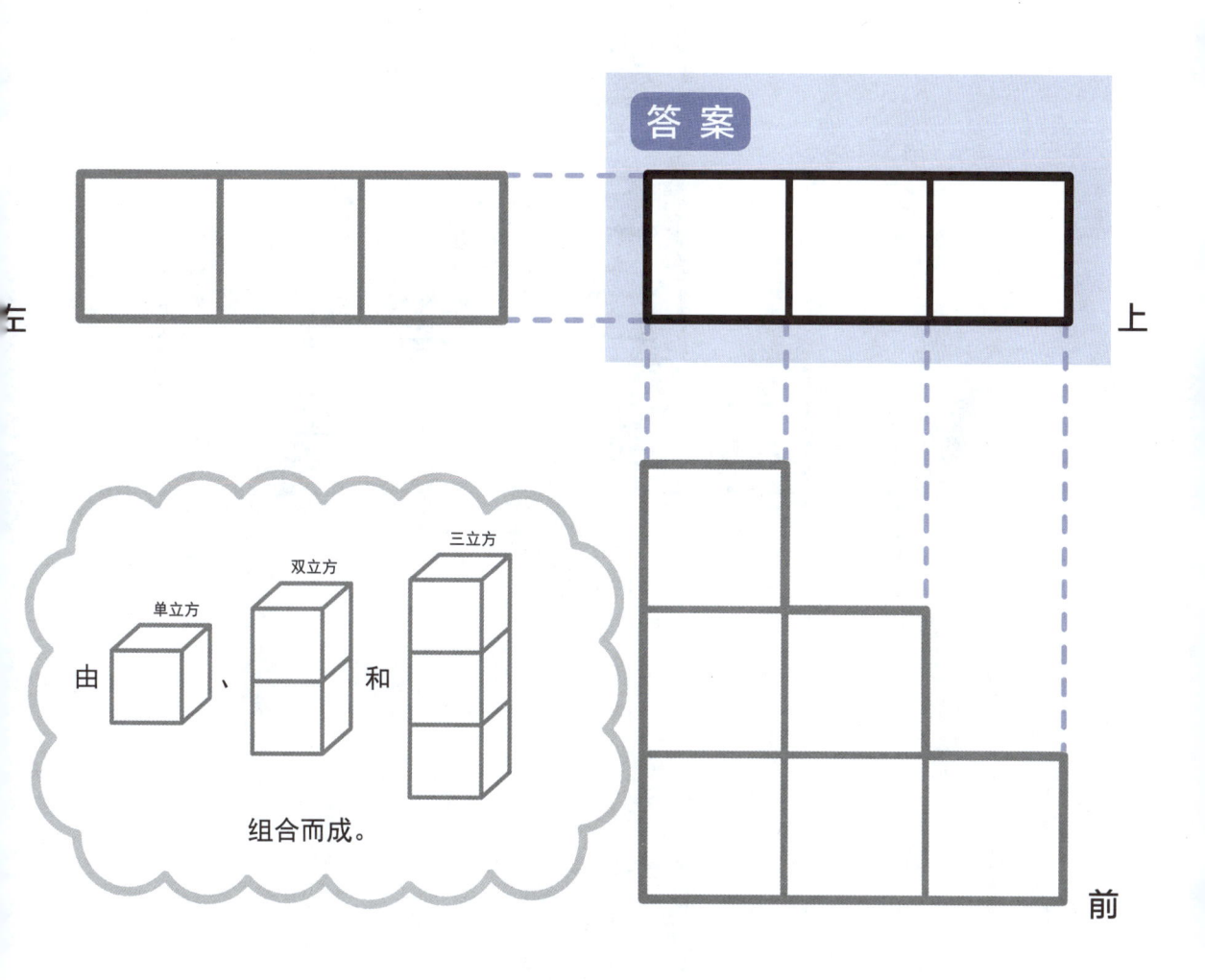

由 单立方 、双立方 和 三立方 组合而成。

答 案

左　　　　　　　　　　　上

前

答案和解说☞第89页

35 咕噜咕噜大搜查

双立方的其中2个面有颜色。在文字带上咕噜咕噜滚动时，把有颜色的面所经过的文字连连看。

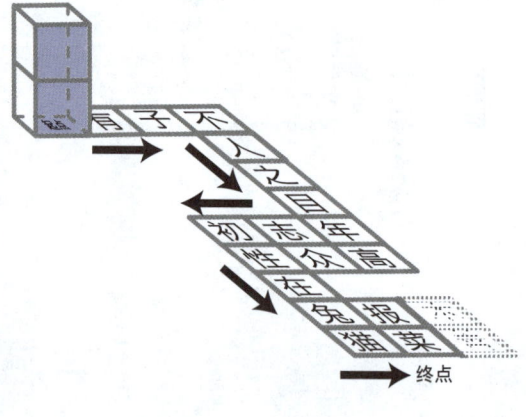

起点 | 有 | 子 | 不
 | | | 人
 | | | 之
 | | | 目
 | 初 | 志 | 年
 | 性 | 众 | 高

在 | | | |
兔 | 报 | 本 | 食 | 终点
猫 | 菜 | 善 | 好

答案

答案和解说 ☞ 第89页

阶段 2

开始之前

在解答《阶段2》的问题前，请先用《阶段1》中制作的单立方、双立方和三立方组合成积木块A～G。制作时请参照单立方、双立方和三立方上所带的字母A～G的标记以及下图所示的组合方法。另外，别忘了制作空格卡片哦。

● 必备工具
・胶水

A + □ = A　**A**

B + □ = B　**B**

□ + C = C　**C**

□ + D = D　**D**

E + □ = E　**E**

F + □ = F　**F**

G + □ + □ = G　**G**

空格卡

4张空格卡用于"穿过空格"题目中。

问题的难度按照由低到高的顺序用 ▶、▶▶、▶▶▶ 表示。

37

36 立体大家族

要从积木 A、积木 E、积木 F 中选出哪两个，才可以拼出下面的几何体呢？

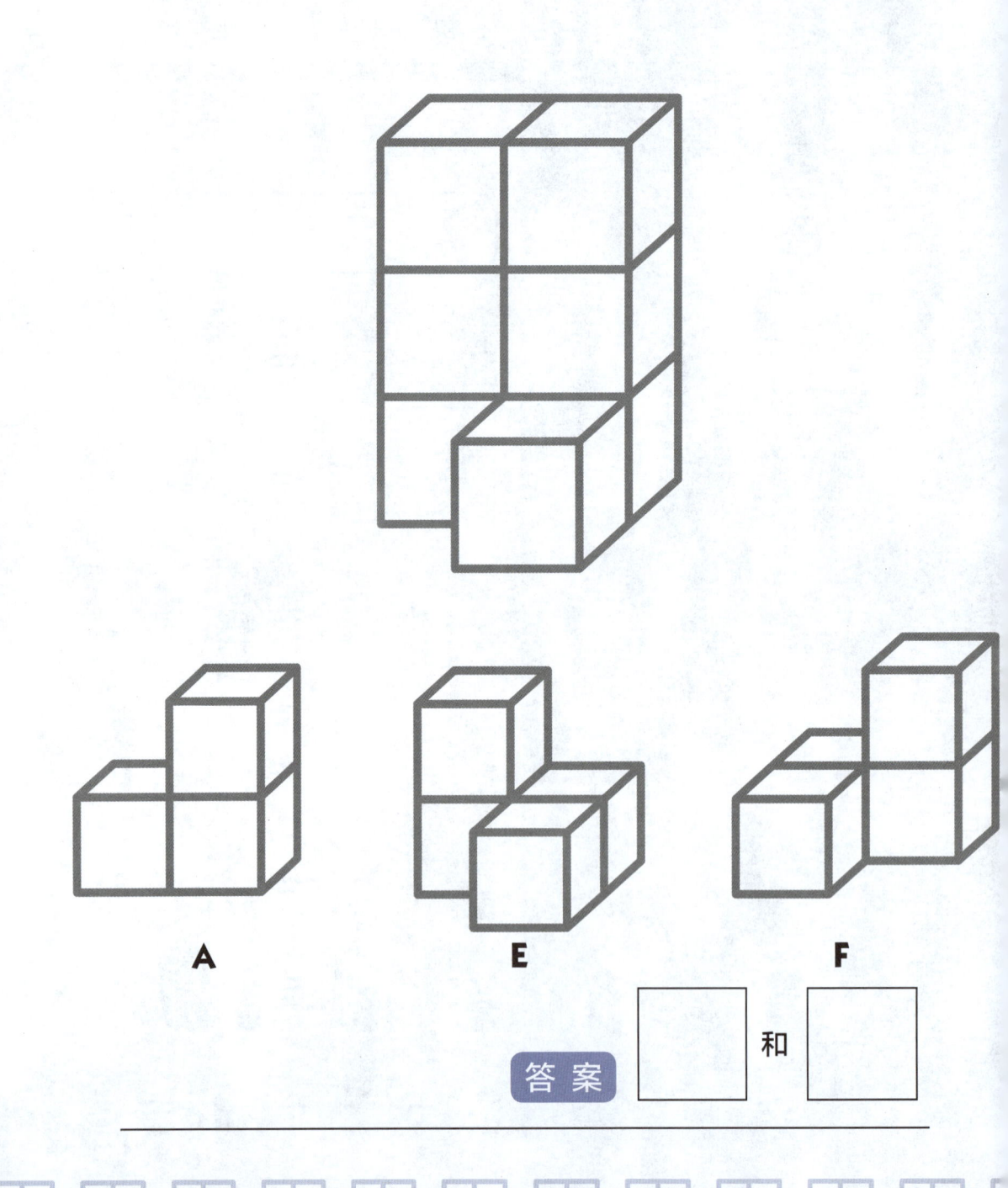

A   E   F

答案 ☐ 和 ☐

答案和解说 ☞ 第89页

37 咕噜咕噜大作战

积木 C 的其中 1 个面有颜色。在数字带上咕噜咕噜滚动时，把有颜色的面所经过的数字加起来，和是多少呢？

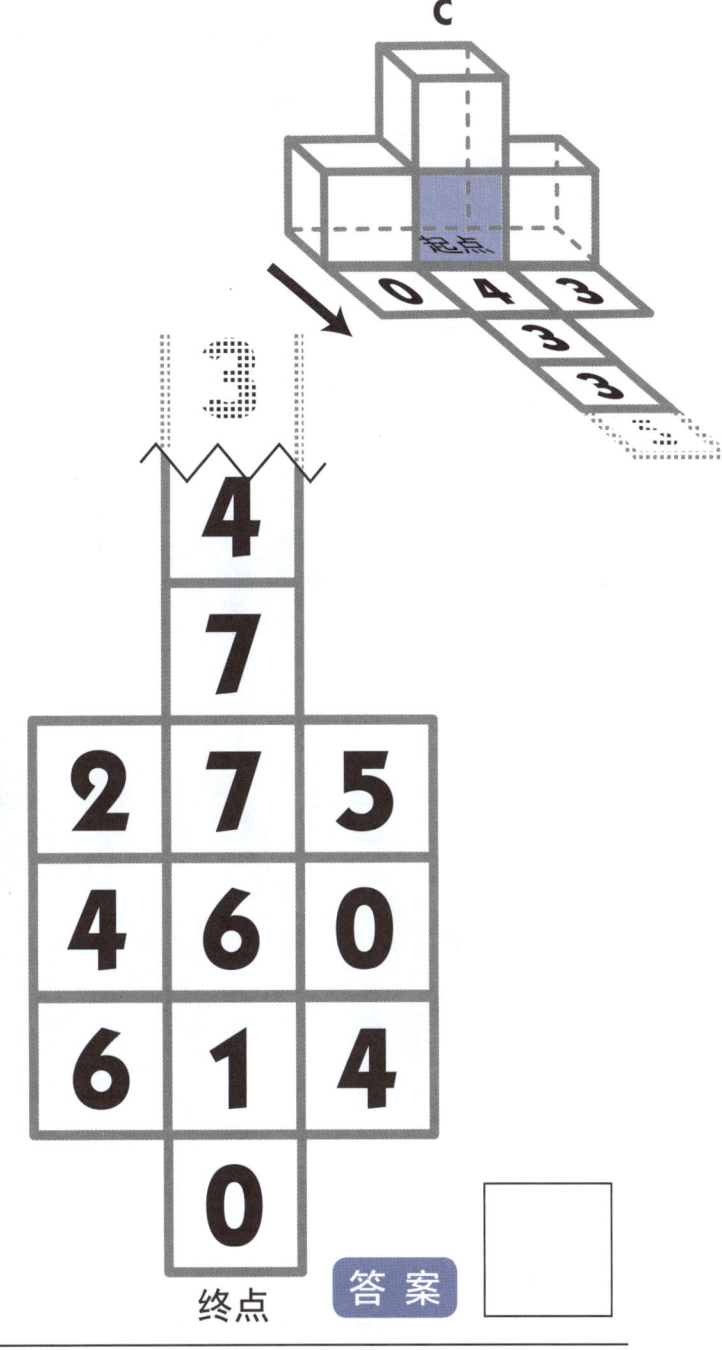

38 你说我猜

小立方说的是哪个几何体呢？

小立方说："积木 A 的两个面和地面接触，它的右边摆着积木 D，积木 D 也是两个面和地面接触。两个积木是分开的。"

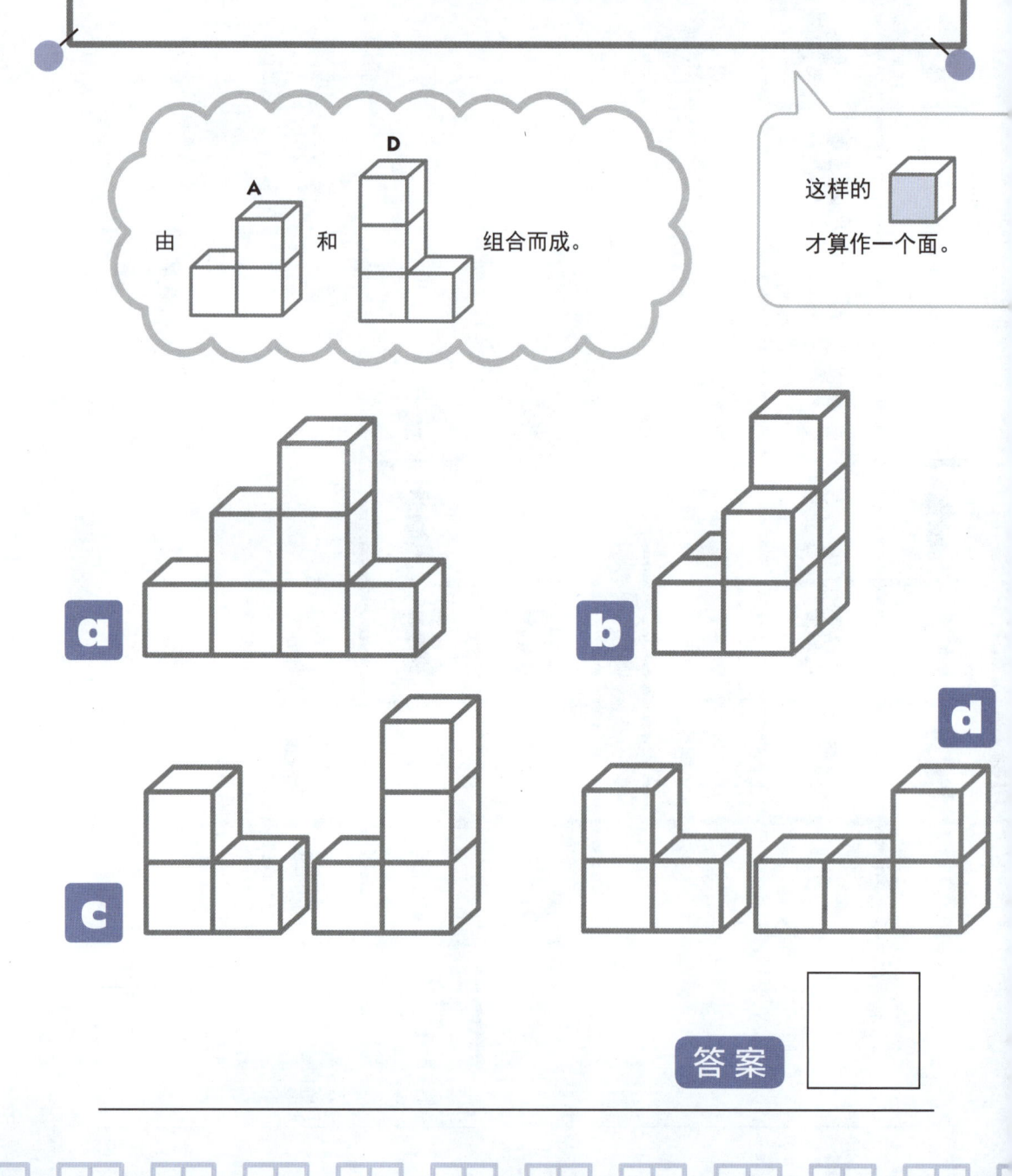

由 A 和 D 组合而成。

这样的 才算作一个面。

a

b

c

d

答案

40　答案和解说☞第90页

39 猜高度

用积木 D 和积木 E 完成几何体。以从左面和前面看到的图为参考，猜一猜从上面看到的几何体的高度。

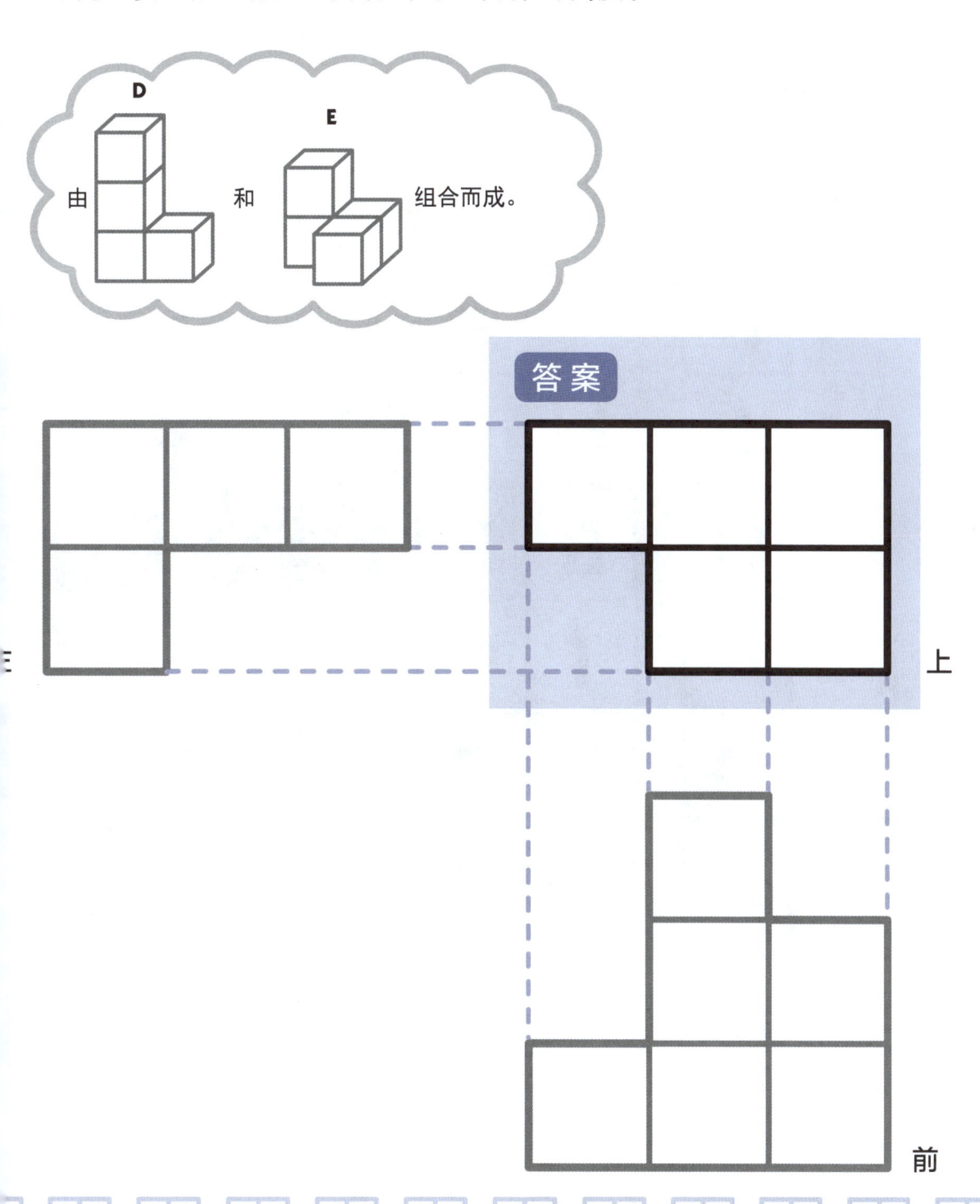

由 D 和 E 组合而成。

答案

左

上

前

答案和解说 ☞ 第 90 页

41

40 咕噜咕噜大搜查

积木 A 的其中 1 个面有颜色。在字母带上咕噜咕噜滚动时，把有颜色的面所经过的字母连连看。

答案

答案和解说 ☞ 第 90 页

41 穿过空格

哪个几何体可以穿过空格呢？（可多选）

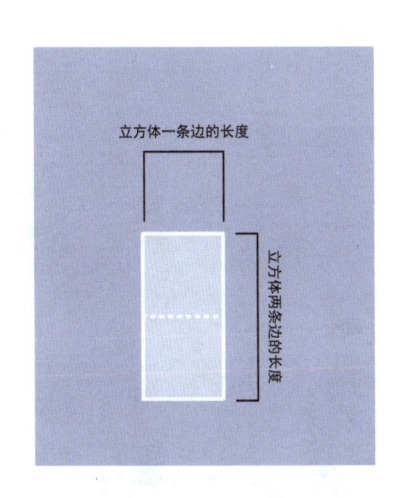

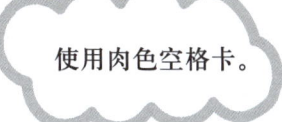

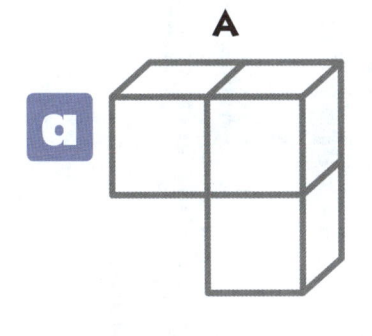

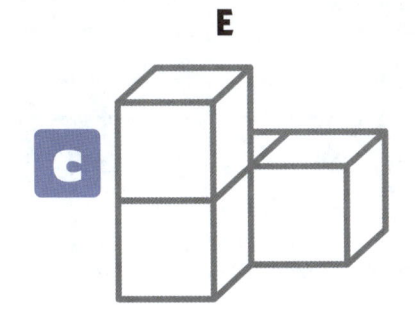

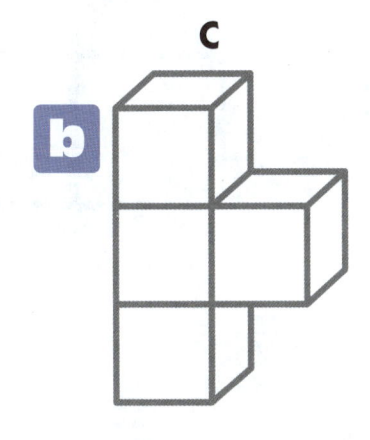

立方体一条边的长度

立方体两条边的长度

使用肉色空格卡。

A

a

C

b

E

c

答案

42 立体大家族

要从积木 B、积木 C、积木 F 中选出哪两个，才可以拼出下面的几何体呢？

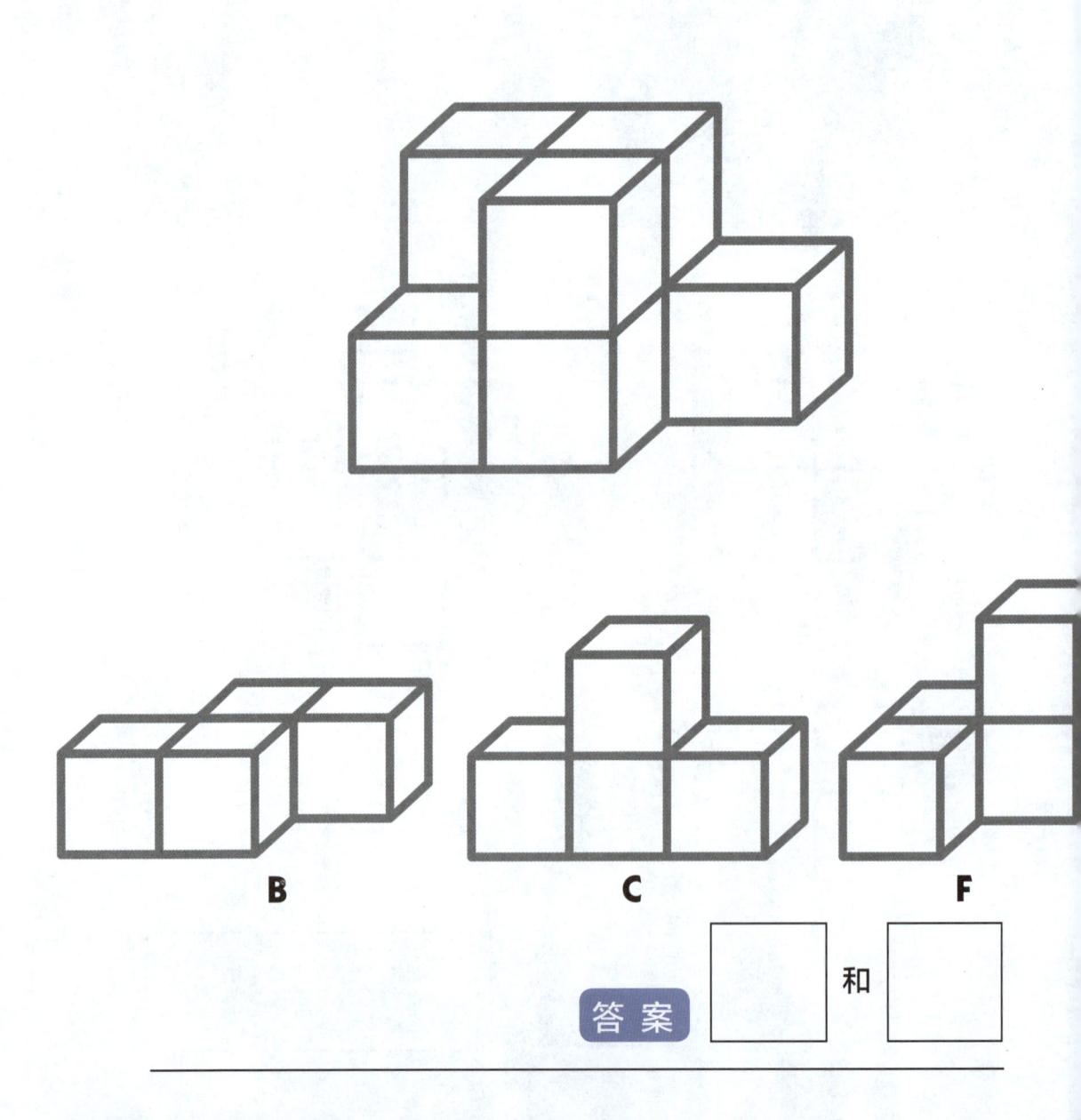

答案 ☐ 和 ☐

43 咕噜咕噜大作战

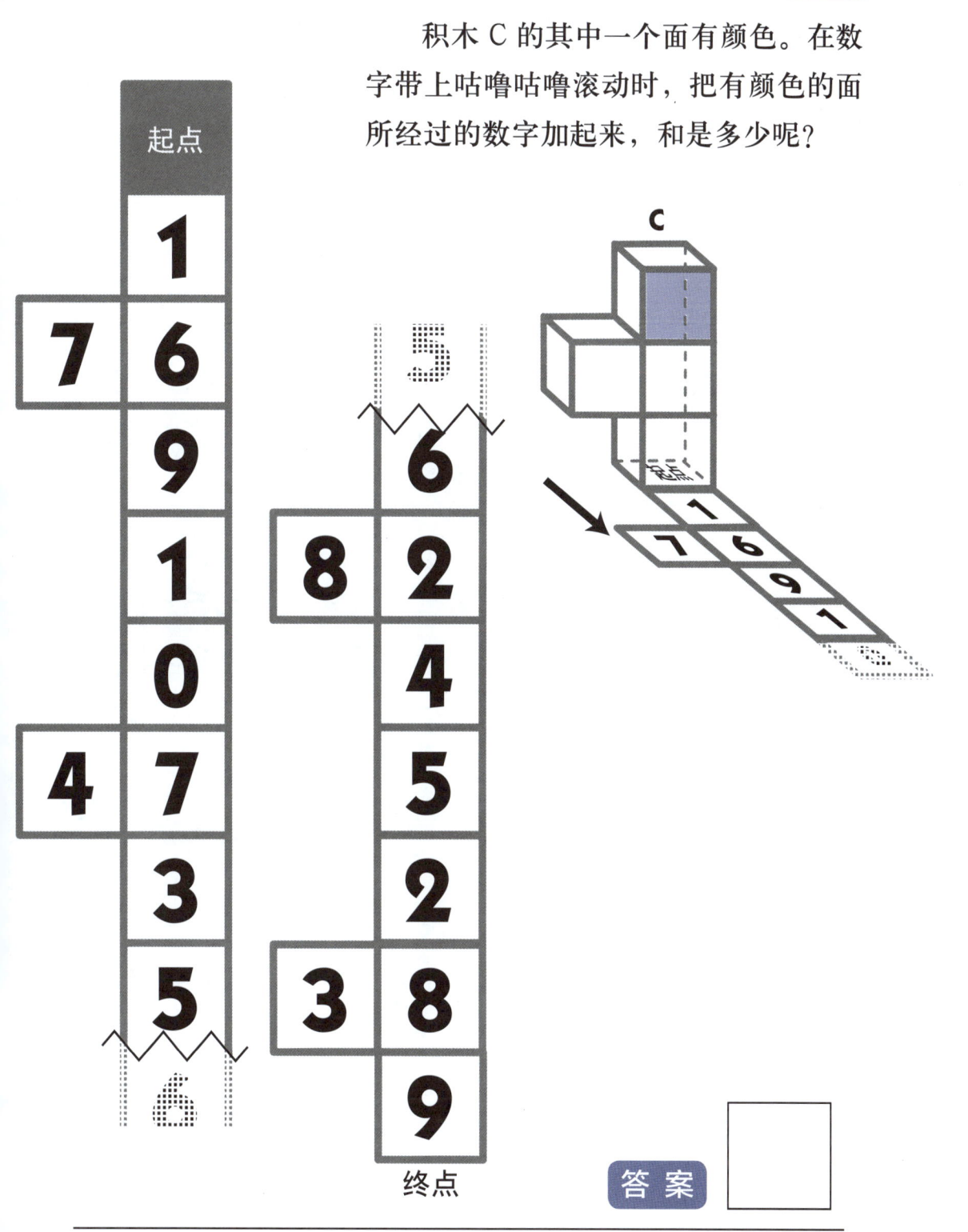

积木 C 的其中一个面有颜色。在数字带上咕噜咕噜滚动时，把有颜色的面所经过的数字加起来，和是多少呢？

答案

44 你说我猜

小立方说的是哪个几何体呢?

小立方说:"积木 B 横躺着,在它上面放着积木 G,两个积木接触的部分有三个面大小。"

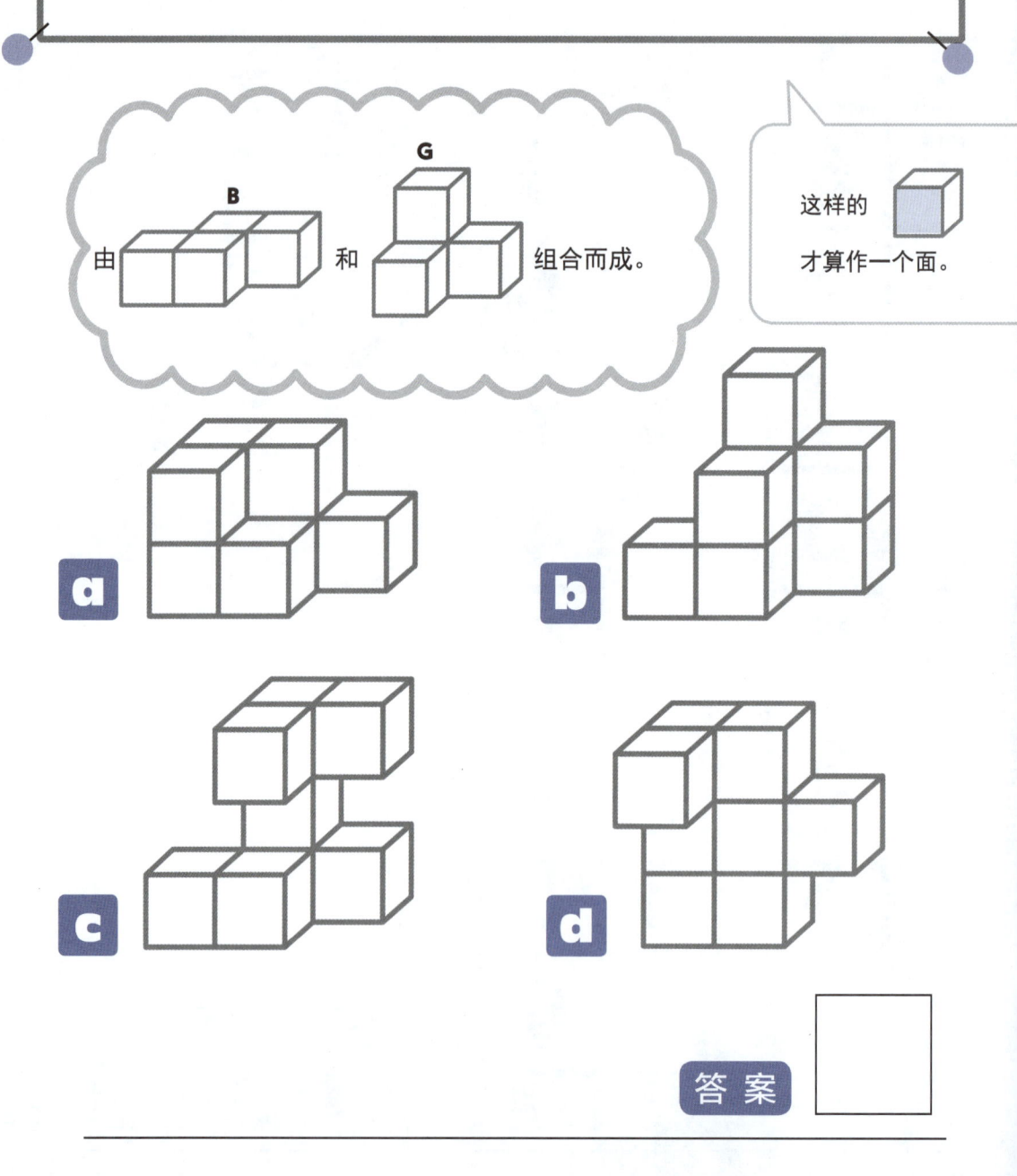

由 B 和 G 组合而成。

这样的 才算作一个面。

a

b

c

d

答案

45 猜高度

用积木 A 和积木 C 完成几何体。以从左面和前面看到的图为参考，猜一猜从上面看到的几何体的高度。

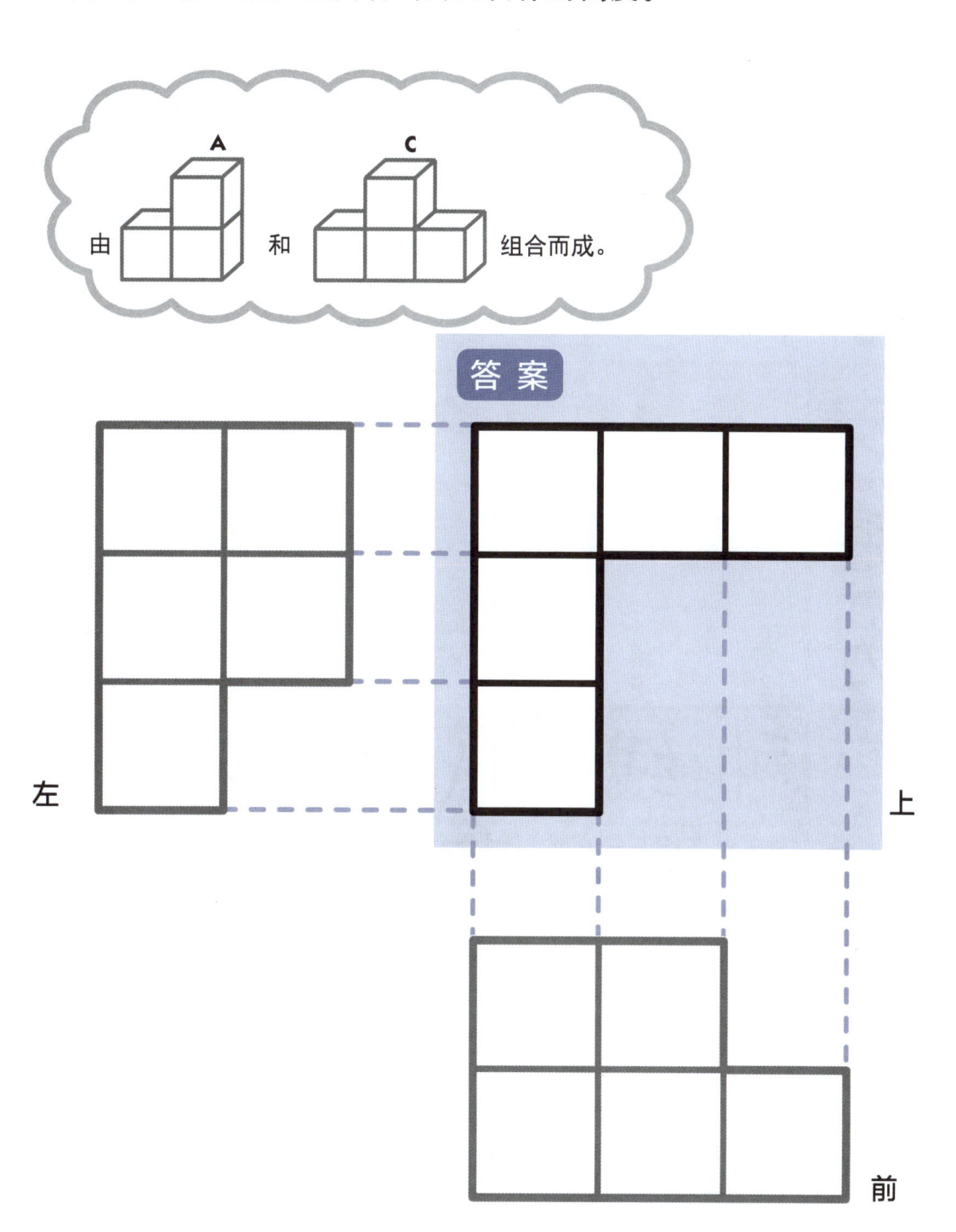

由 A 和 C 组合而成。

左

答案

上

前

46 咕噜咕噜大搜查

积木 D 的其中两个面有颜色。在文字带上咕噜咕噜滚动时，把有颜色的面所经过的文字连连看。

起点

牛	九	气
才	高	一
皮		
毛		
分		
离	种	线
不	之	绳

| 八 | 斗 | 头 |
| 草 | | |

终点

答案

47 穿过空格

哪个几何体可以穿过空格呢？（可多选）

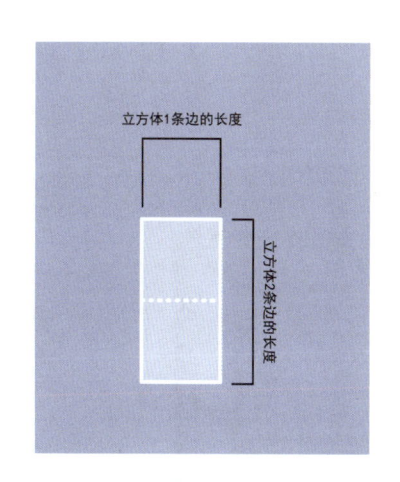

使用肉色空格卡。

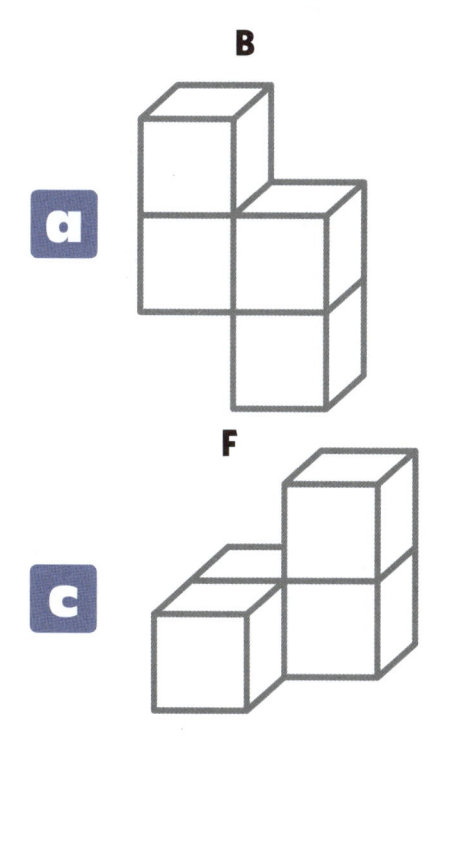

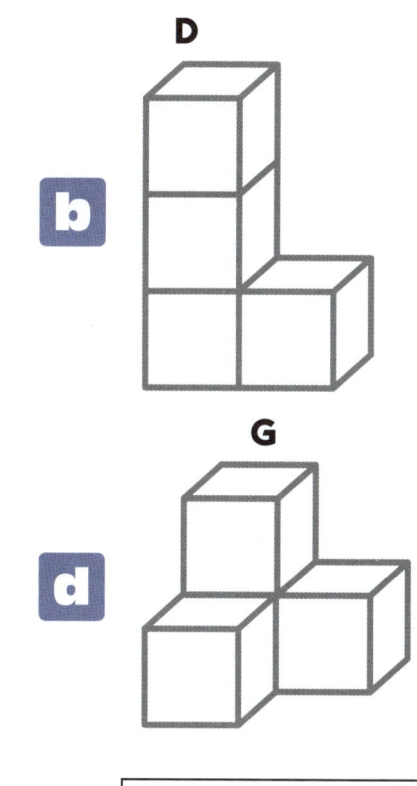

立方体1条边的长度
立方体2条边的长度

B
a

D
b

F
c

G
d

答案

48 立体大家族

要从积木 C、积木 D、积木 G 中选出哪两个，才可以拼出下面的几何体呢？

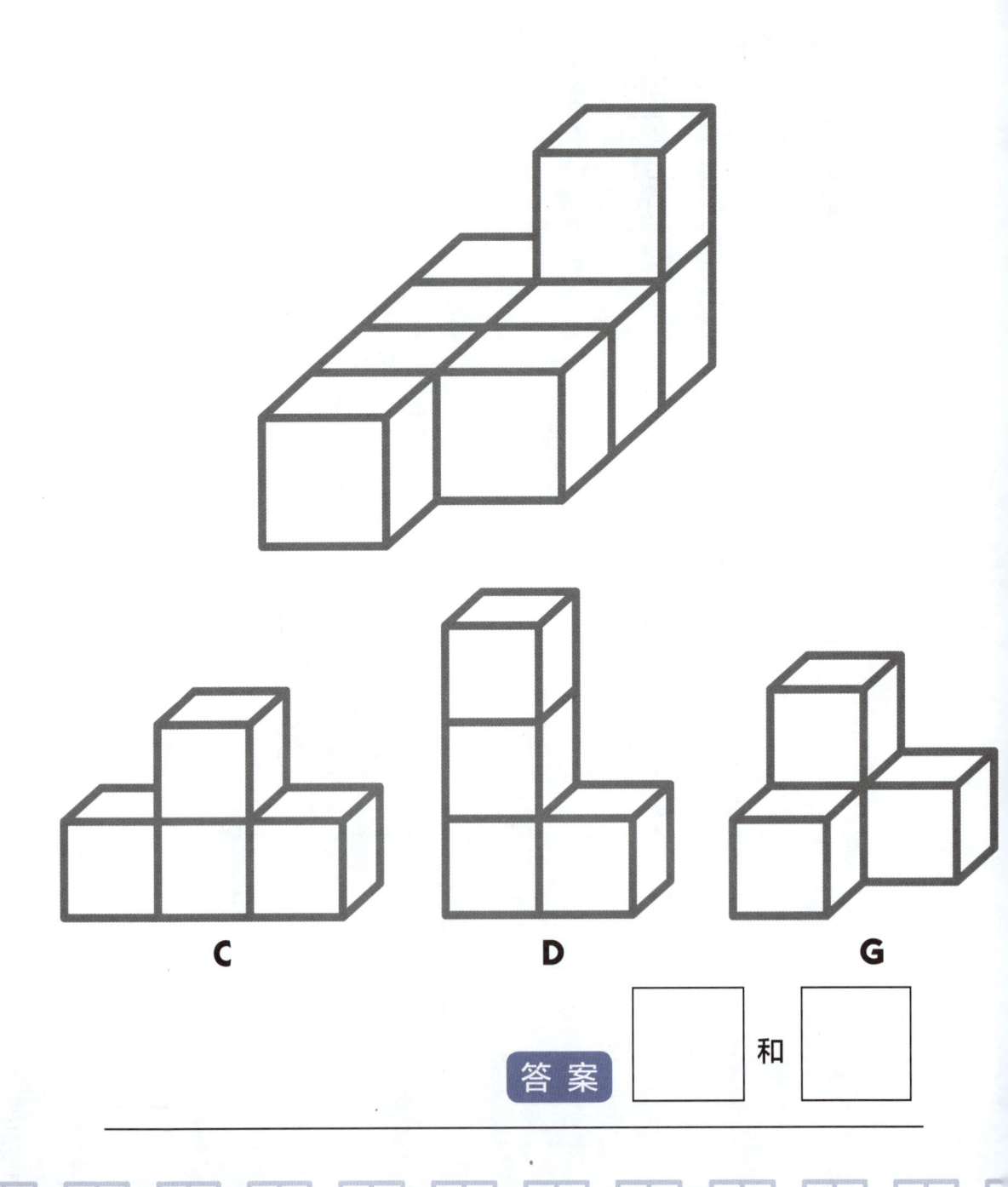

C　　**D**　　**G**

答案 ☐ 和 ☐

49 咕噜咕噜大作战

积木 A 的其中两个面有颜色。在数字带上咕噜咕噜滚动时，把有颜色的面所经过的数字加起来，和是多少呢？

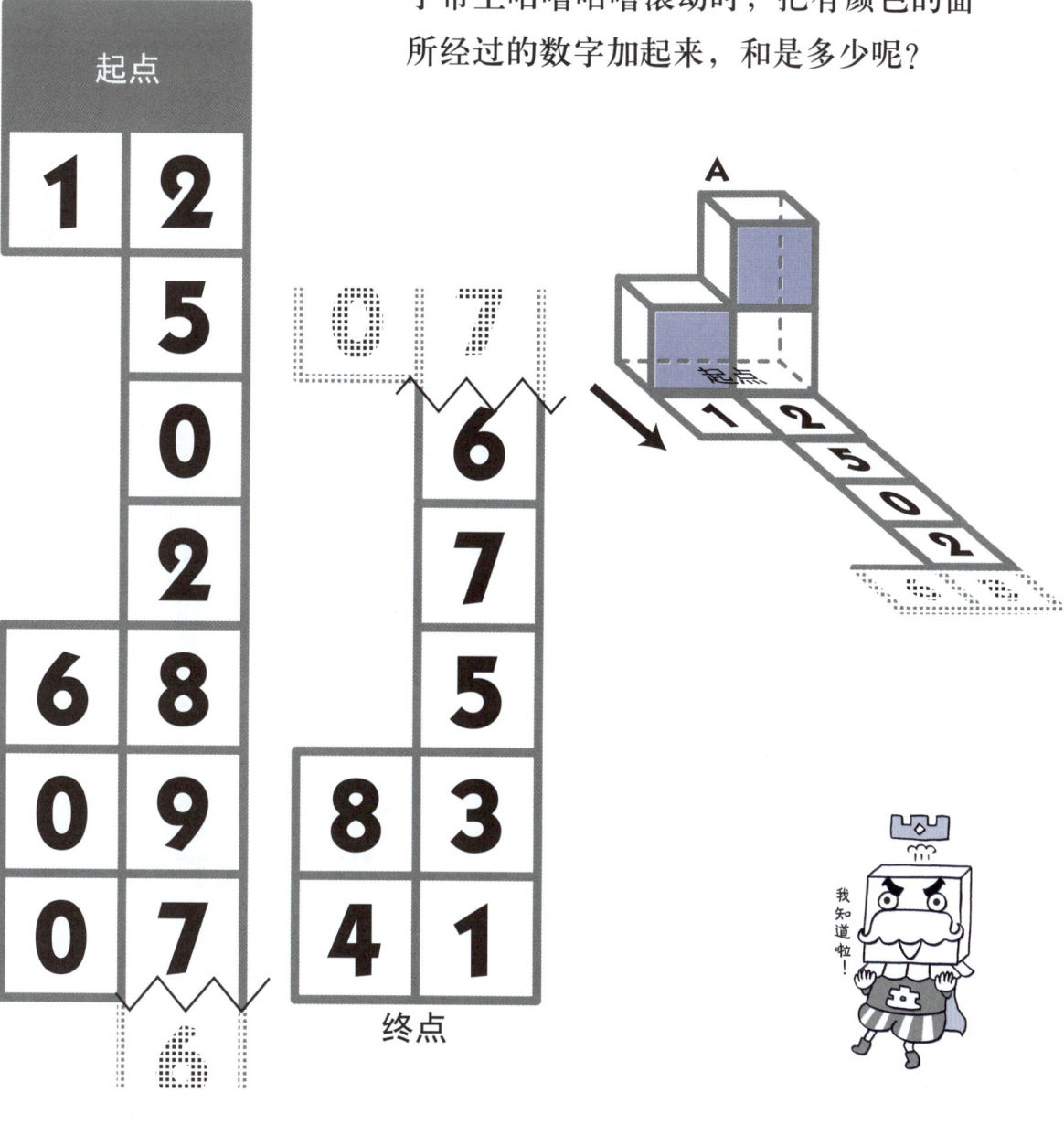

起点

1	2
	5
	0
	2
6	8
0	9
0	7

0 7

6
7
5

| 8 | 3 |
| 4 | 1 |

终点

A

答案

答案和解说☞ 第92页

51

50 你说我猜

小立方说的是哪个几何体呢？

小立方说："积木 F 的左边站着积木 C，两者有一个面相接触，另外，积木 C 有三个面接触到地面，积木 F 有两个面接触到地面。"

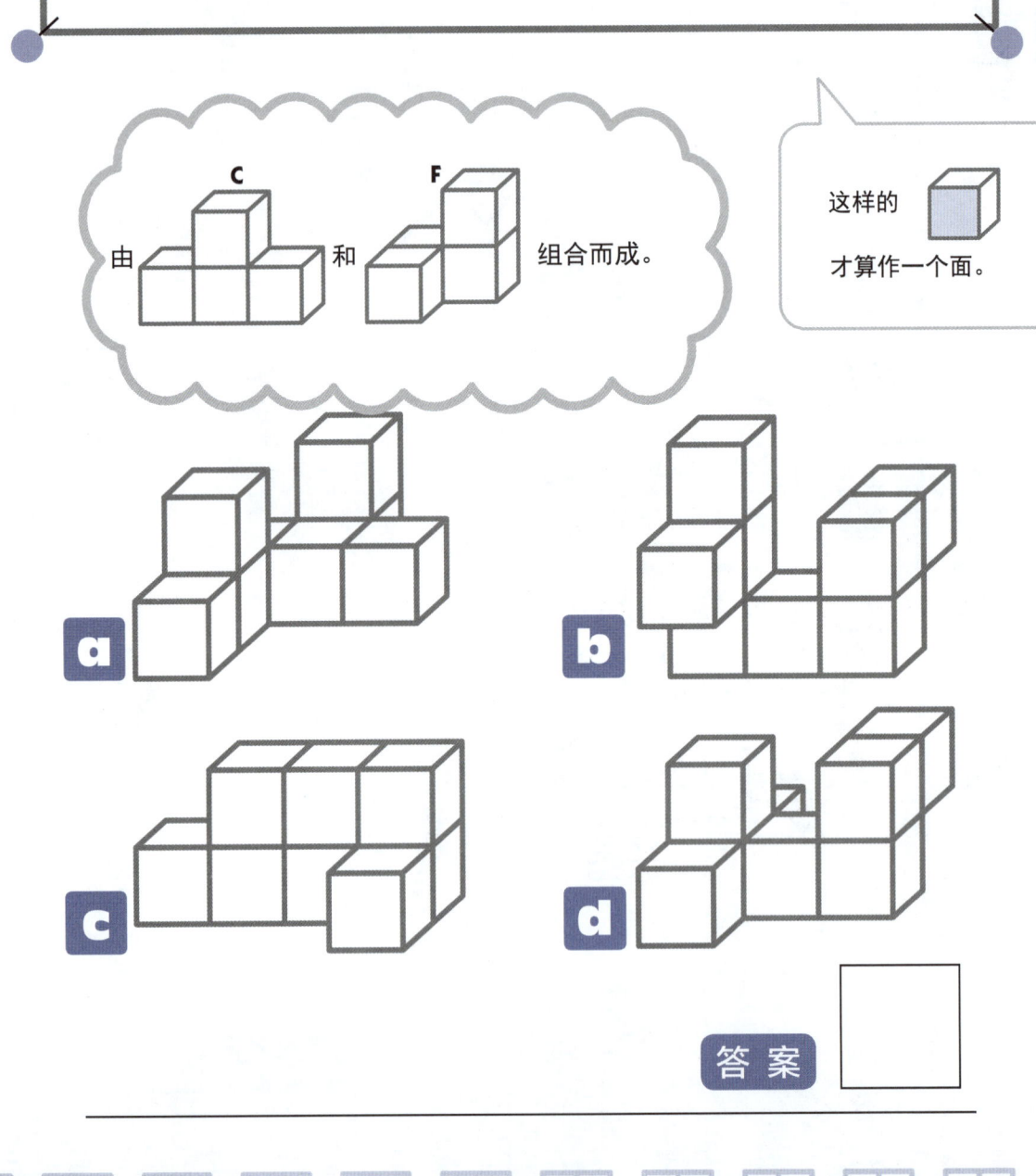

由 C 和 F 组合而成。

这样的 才算作一个面。

a

b

c

d

答案

51 猜高度

用积木 B 和积木 C 完成几何体。以从左面和前面看到的图为参考，猜一猜从上面看到的几何体的高度。

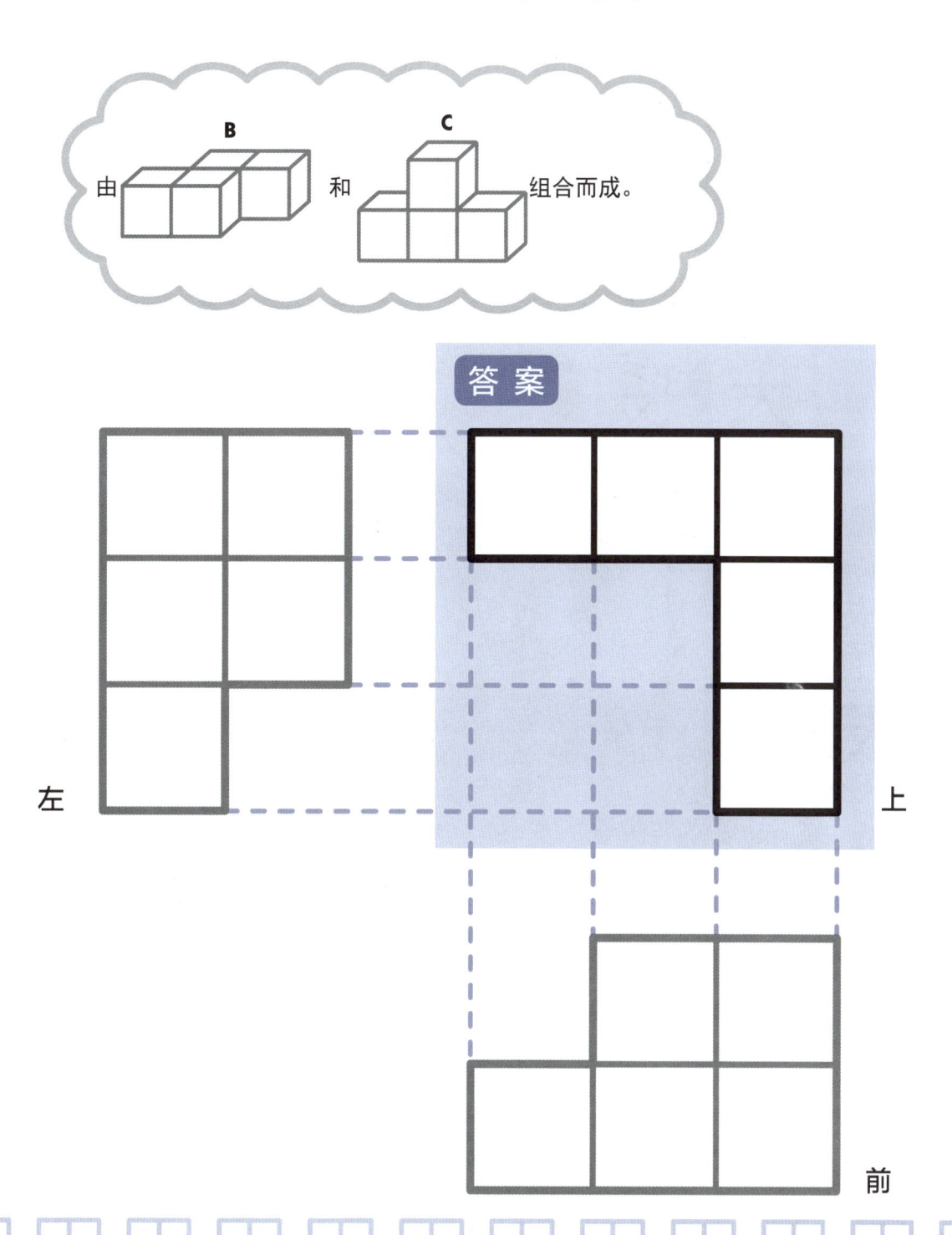

由 B 和 C 组合而成。

左

答案

上

前

52 咕噜咕噜大搜查

积木 B 的其中两个面有颜色。在文字带上咕噜咕噜滚动时，把有颜色的面所经过的文字连连看。

起点

气	春	
	节	日
	大	长
	色	约
整	多	
天	齐	
圣	快	

天	齐	
圣	快	
	乐	假
	彩	音
	过	空
字	文	

终点

答案

53 穿过空格

哪个几何体可以穿过空格呢？

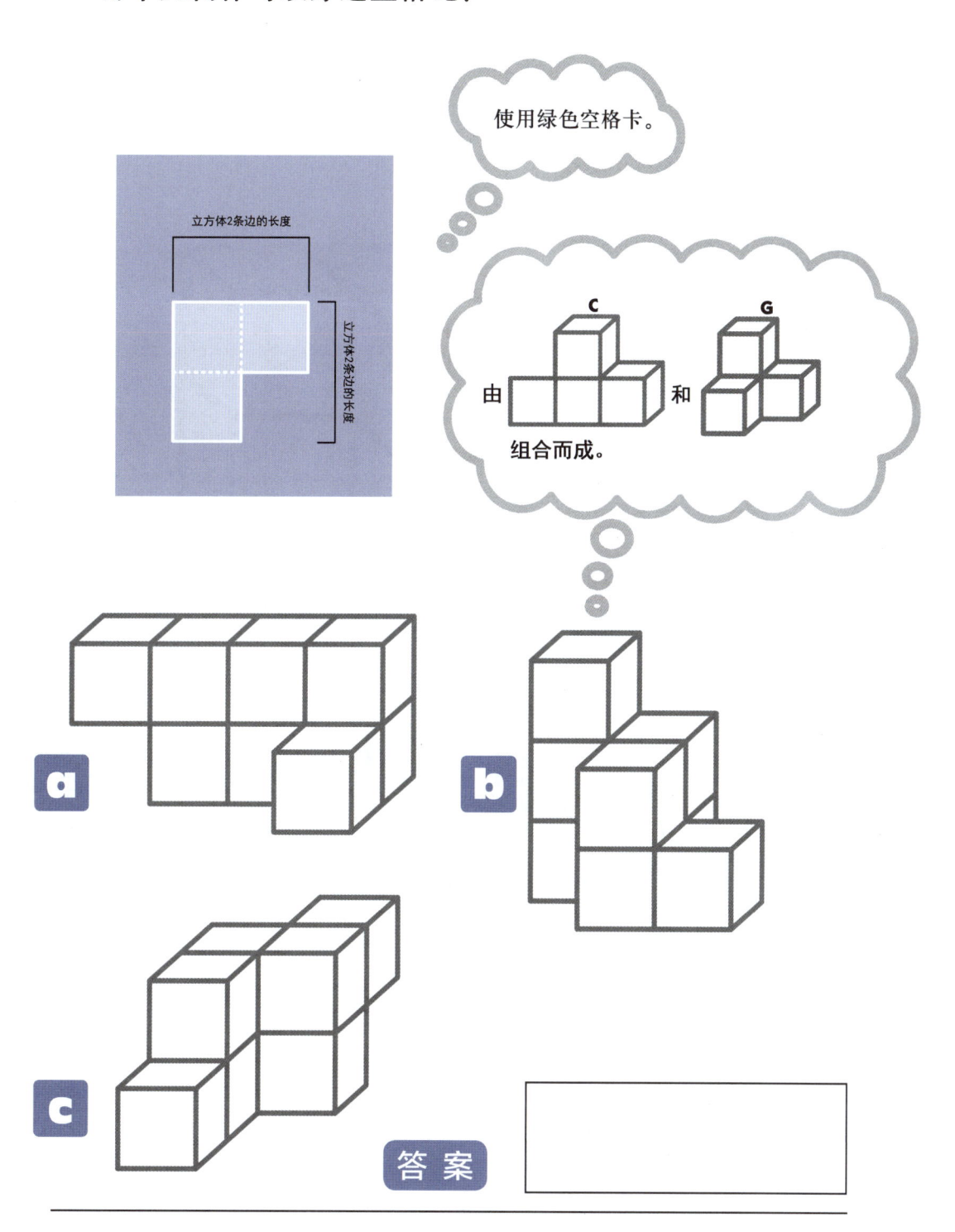

使用绿色空格卡。

立方体2条边的长度
立方体2条边的长度

由 C 和 G 组合而成。

a

b

c

答案

54 立体大家族

要从积木 B、积木 D、积木 F 中选出哪两个，才可以拼出下面的几何体呢？

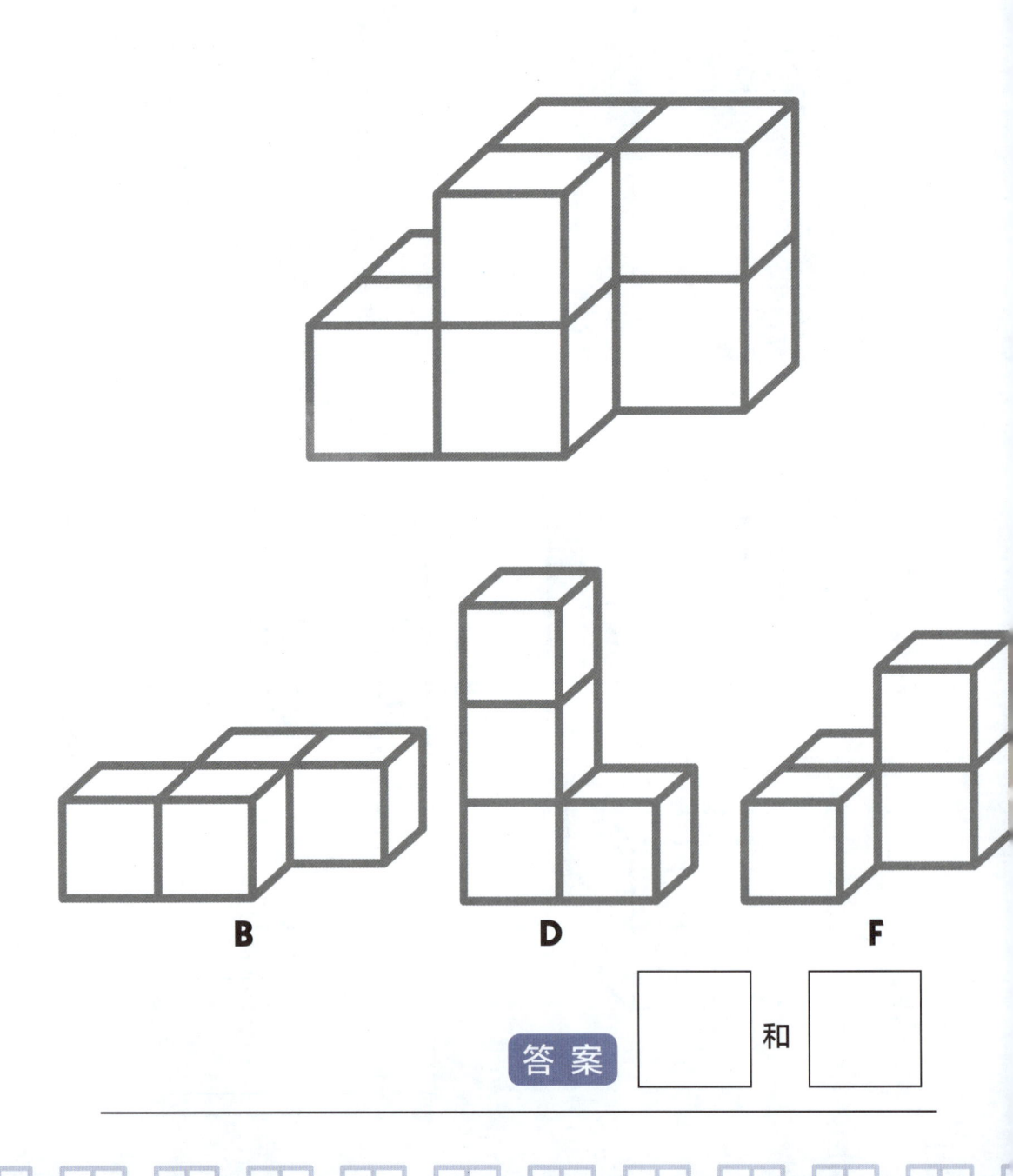

B

D

F

答案　□ 和 □

55 咕噜咕噜大作战

积木 D 的其中两个面有颜色。在数字带上咕噜咕噜滚动时，把有颜色的面所经过的数字加起来，和是多少呢？

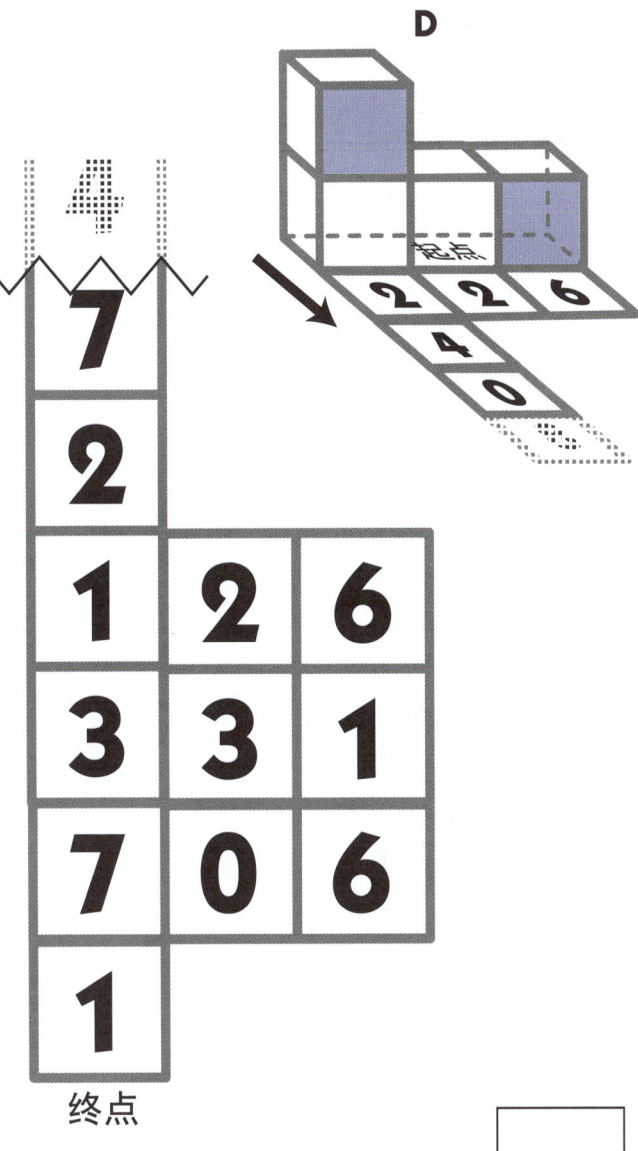

答案

56 你说我猜

小立方说的是哪个几何体呢?

小立方说:"积木 E 和积木 A 的组合。积木 E 有三个面接触到地面,而积木 A 只有一个面接触到地面。这个组合不管从哪个方向看,截面图都是正方形。"

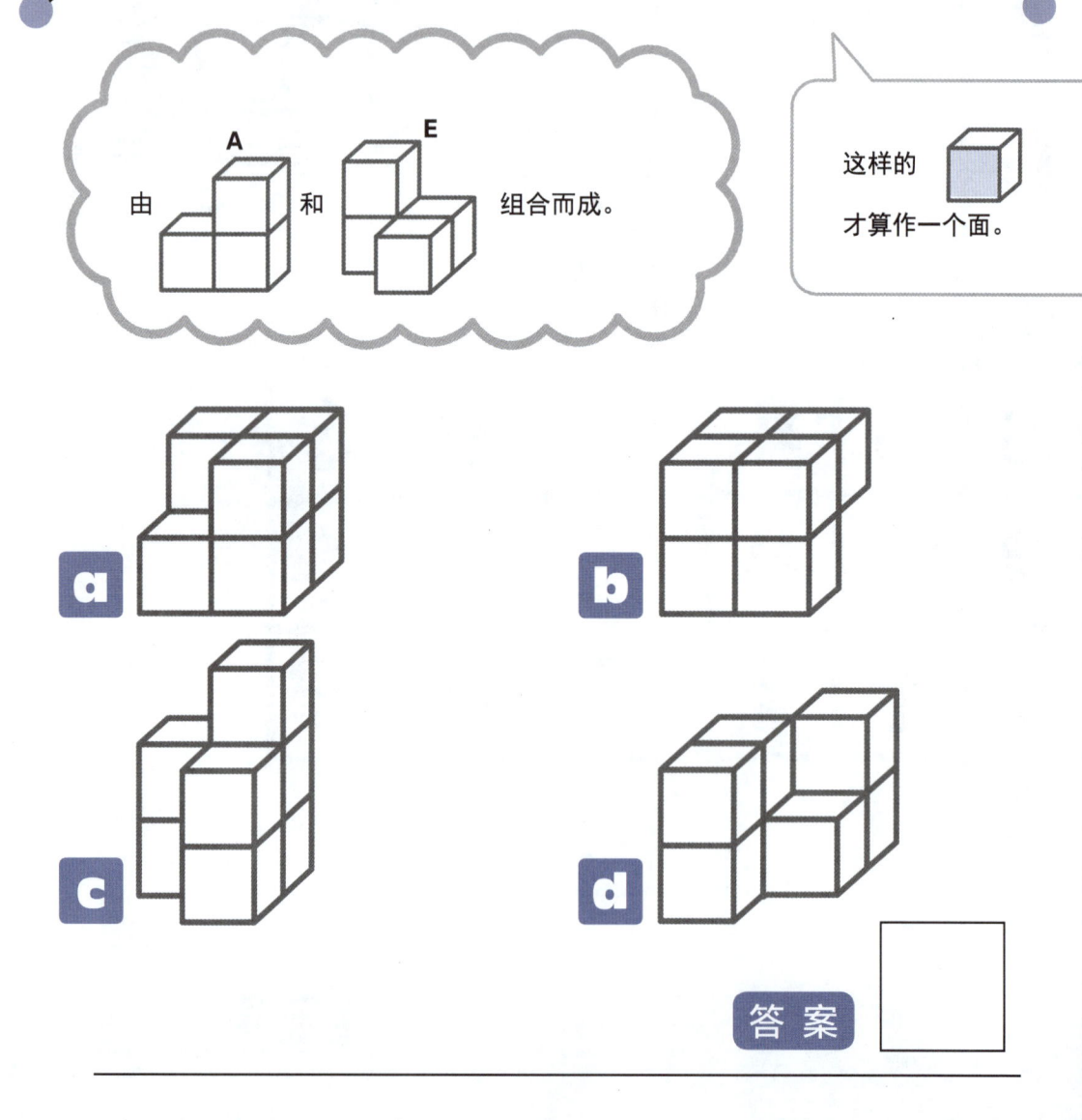

由 A 和 E 组合而成。

这样的 才算作一个面。

a

b

c

d

答 案

57 猜高度

用积木 A 和积木 B 完成立方体。以从左面和前面看到的图为参考，猜一猜从上面看到的几何体的高度。

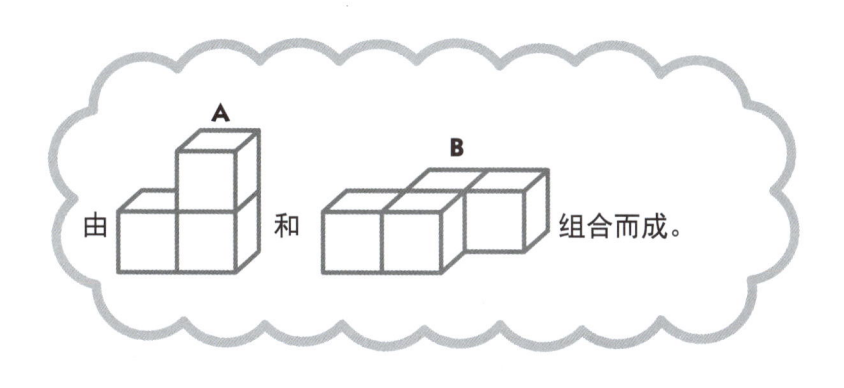

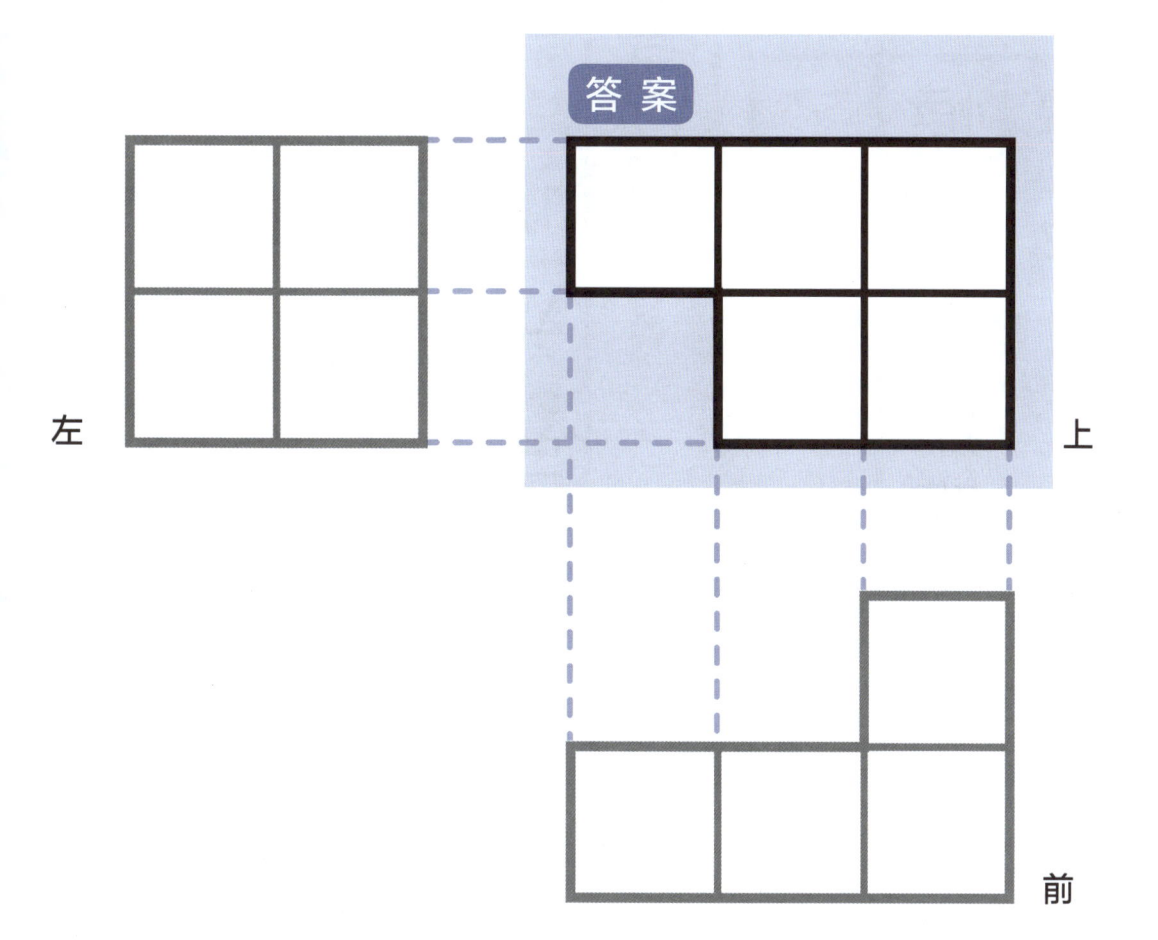

由 A 和 B 组合而成。

左

答案

上

前

58 咕噜咕噜大搜查

积木 C 的其中两个面有颜色。在文字带上咕噜咕噜滚动时，把有颜色的面所经过的文字连连看。

起点

打	我	真
	学	
	棒	
	写	
字	惯	了
好	上	例
球	来	对
	喜	
	真	
	习	

真

	习	
本	语	欢
手	数	一
高	买	根
	认	
	兴	
	学	
爱	答	书

终点

答案

59 穿过空格

哪个几何体可以穿过空格呢?

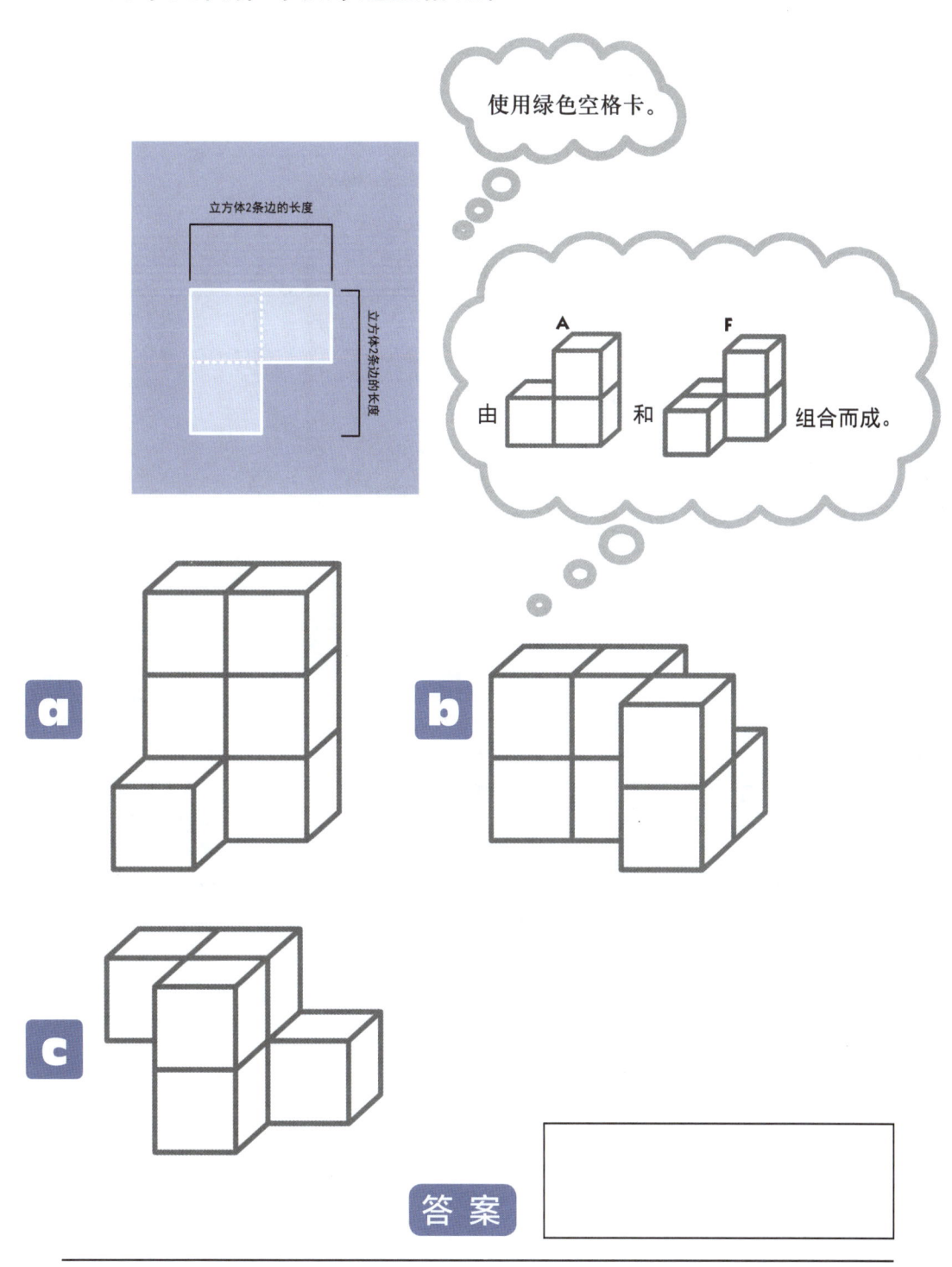

使用绿色空格卡。

立方体2条边的长度
立方体2条边的长度

由 A 和 F 组合而成。

a

b

c

答案

60 立体大家族

要从积木 A、积木 E、积木 F 中选出哪两个，才可以拼出下面的几何体呢？

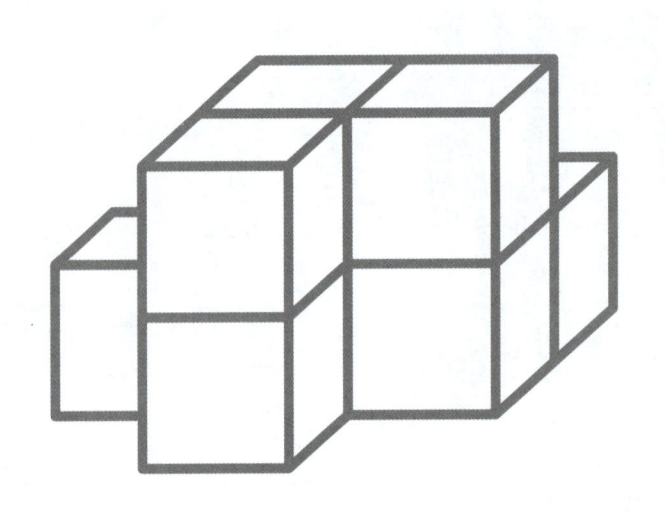

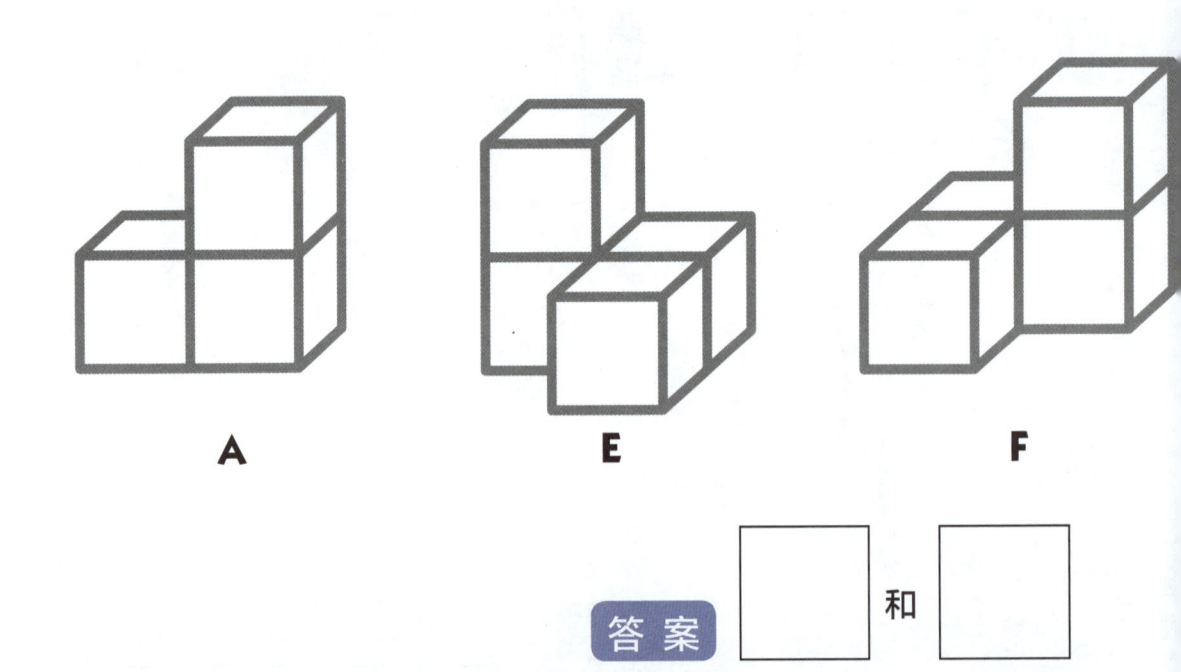

A　　　E　　　F

答案　□ 和 □

61 咕噜咕噜大作战

积木 C 的其中两个面有颜色。在数字带上咕噜咕噜滚动时，把有颜色的面所经过的数字加起来，和是多少呢？

起点

C

	4	
	7	
8	3	2
3	1	4
6	0	0
	5	
	1	

（接）

	1	
	5	
4	3	5
2	9	6
2	0	1
	1	

终点

答案 □

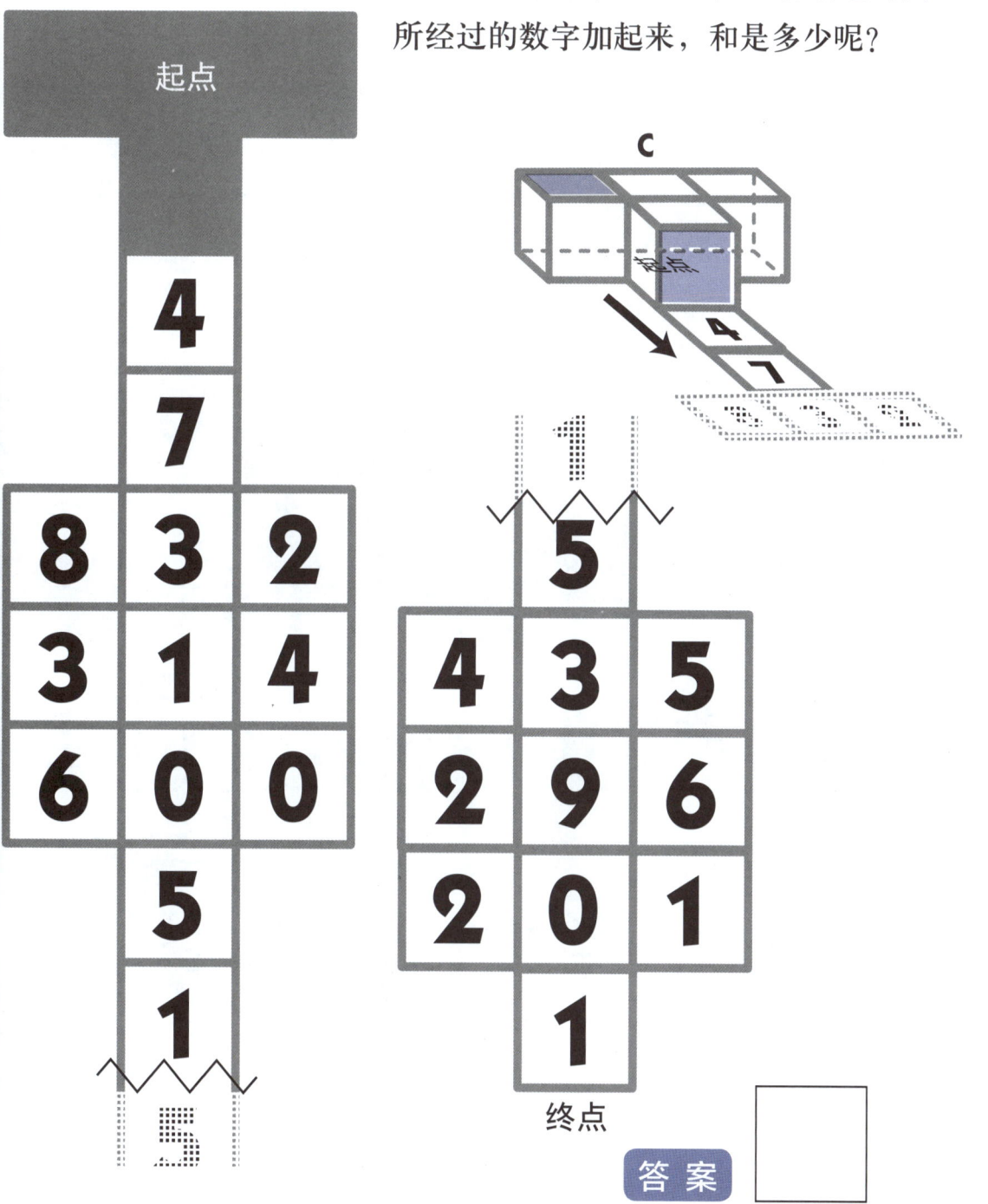

62 你说我猜

小立方说的是哪个几何体呢？

小立方说："积木 B 横躺在左侧，积木 C 横躺在右侧，两者紧紧贴在一起，而且重心在前面。从上面看的话是左右对称的。"

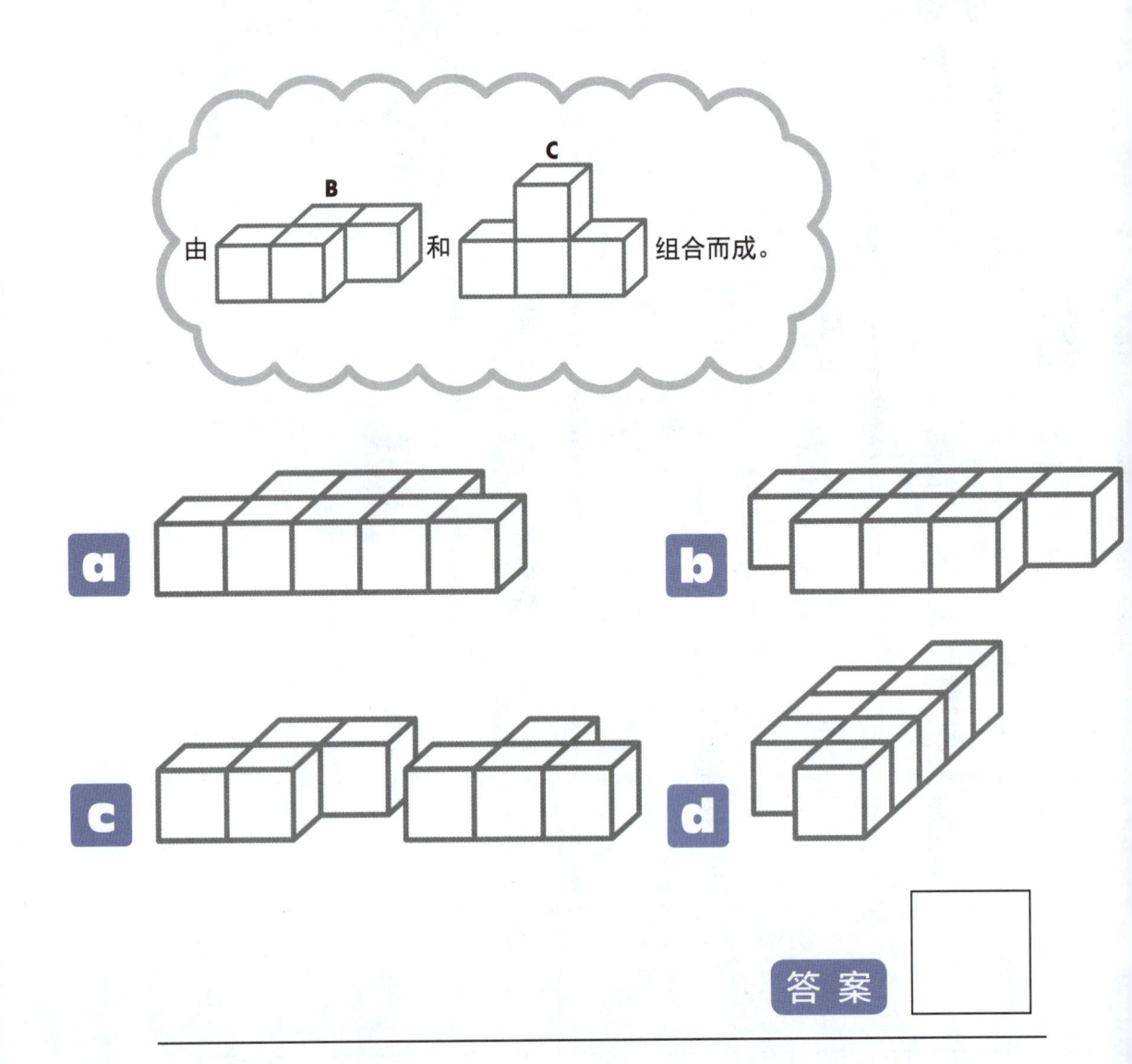

由 B 和 C 组合而成。

a

b

c

d

答案

63 猜高度

用积木 F 和积木 D 完成几何体。以从左面和前面看到的图为参考，猜一猜从上面看到的几何体的高度。

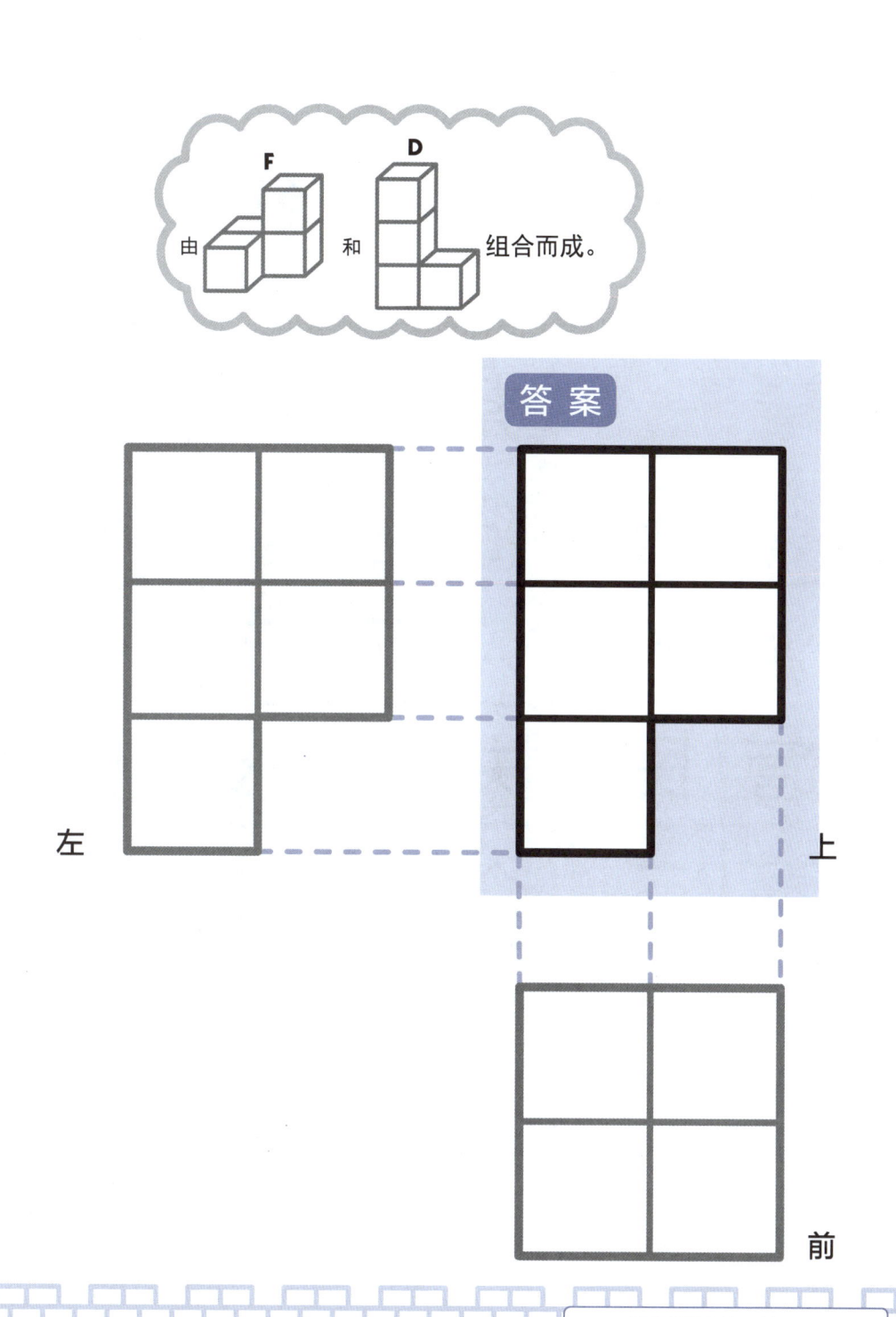

由 F 和 D 组合而成。

左

答案

上

前

64 咕噜咕噜大搜查

积木 D 的其中 3 个面有颜色。在文字带上咕噜咕噜滚动时，把有颜色的面所经过的文字连连看。

答案

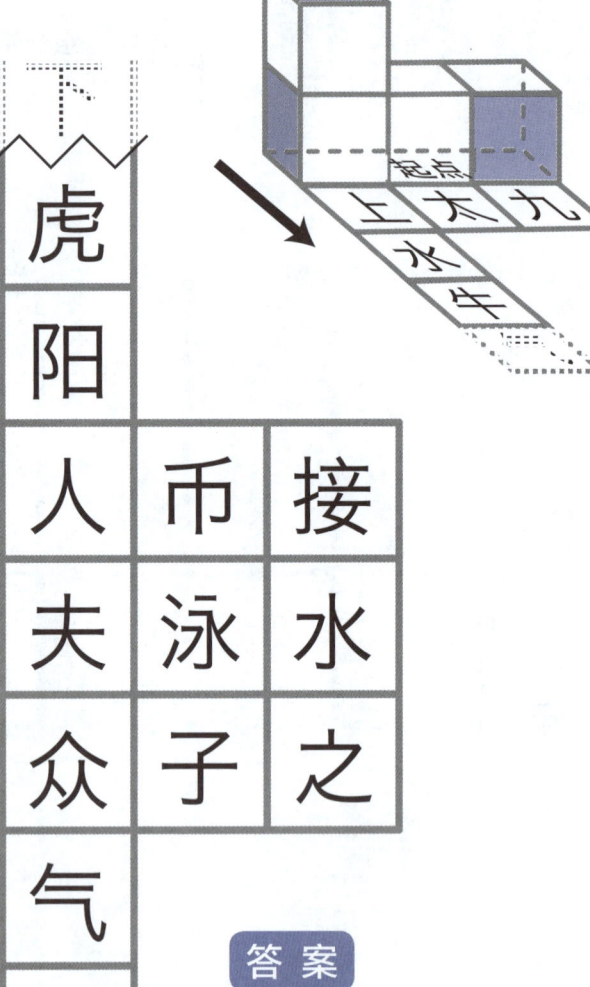

答案和解说☞第 94 页

65 穿过空格

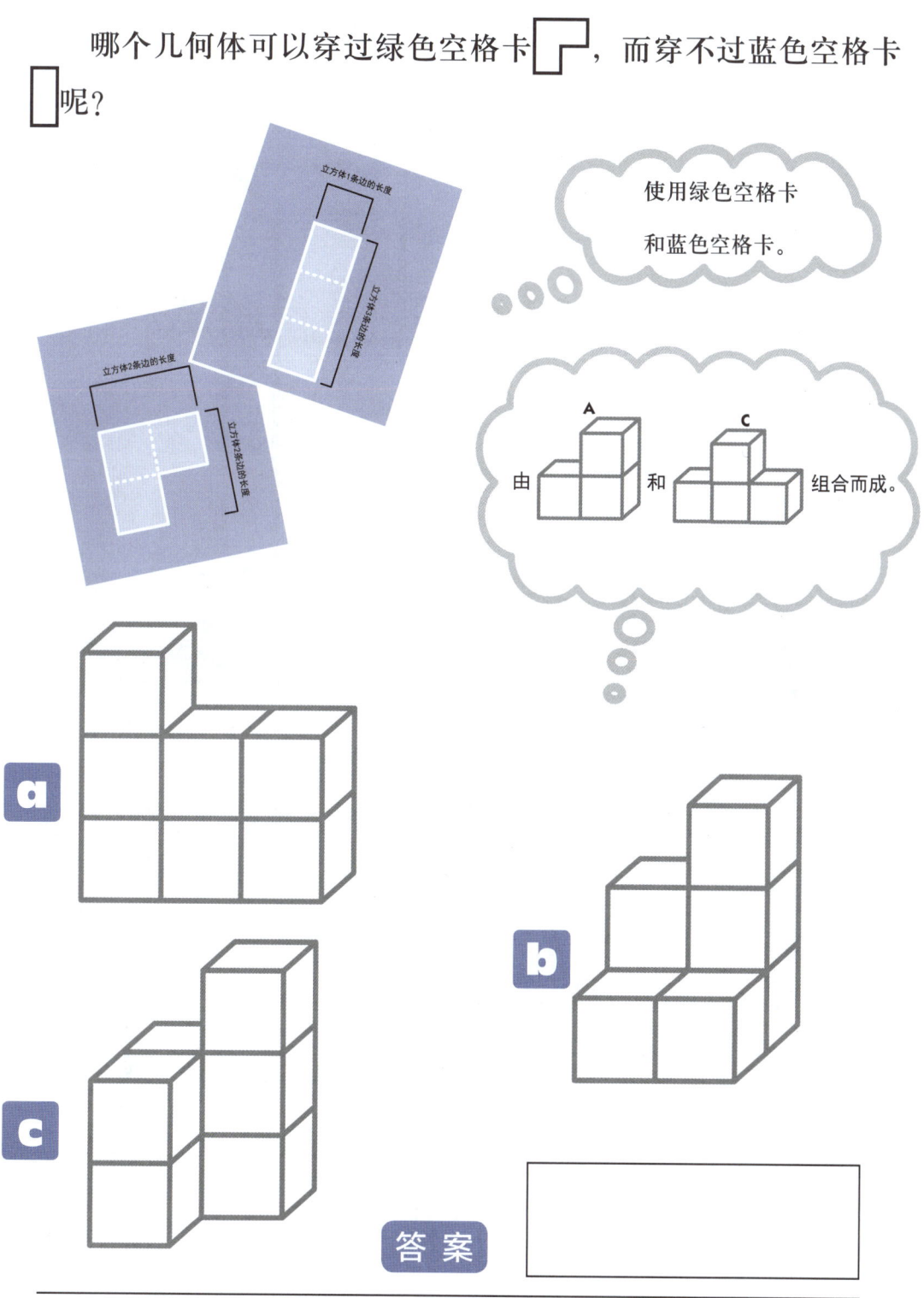

哪个几何体可以穿过绿色空格卡 ⌐，而穿不过蓝色空格卡 □ 呢？

使用绿色空格卡和蓝色空格卡。

由 A 和 C 组合而成。

a

b

c

答案

66 立体大家族

要从积木 A、积木 B、积木 C、积木 D、积木 E、积木 F、积木 G 中选出哪两个，才可以拼出下面的几何体呢？

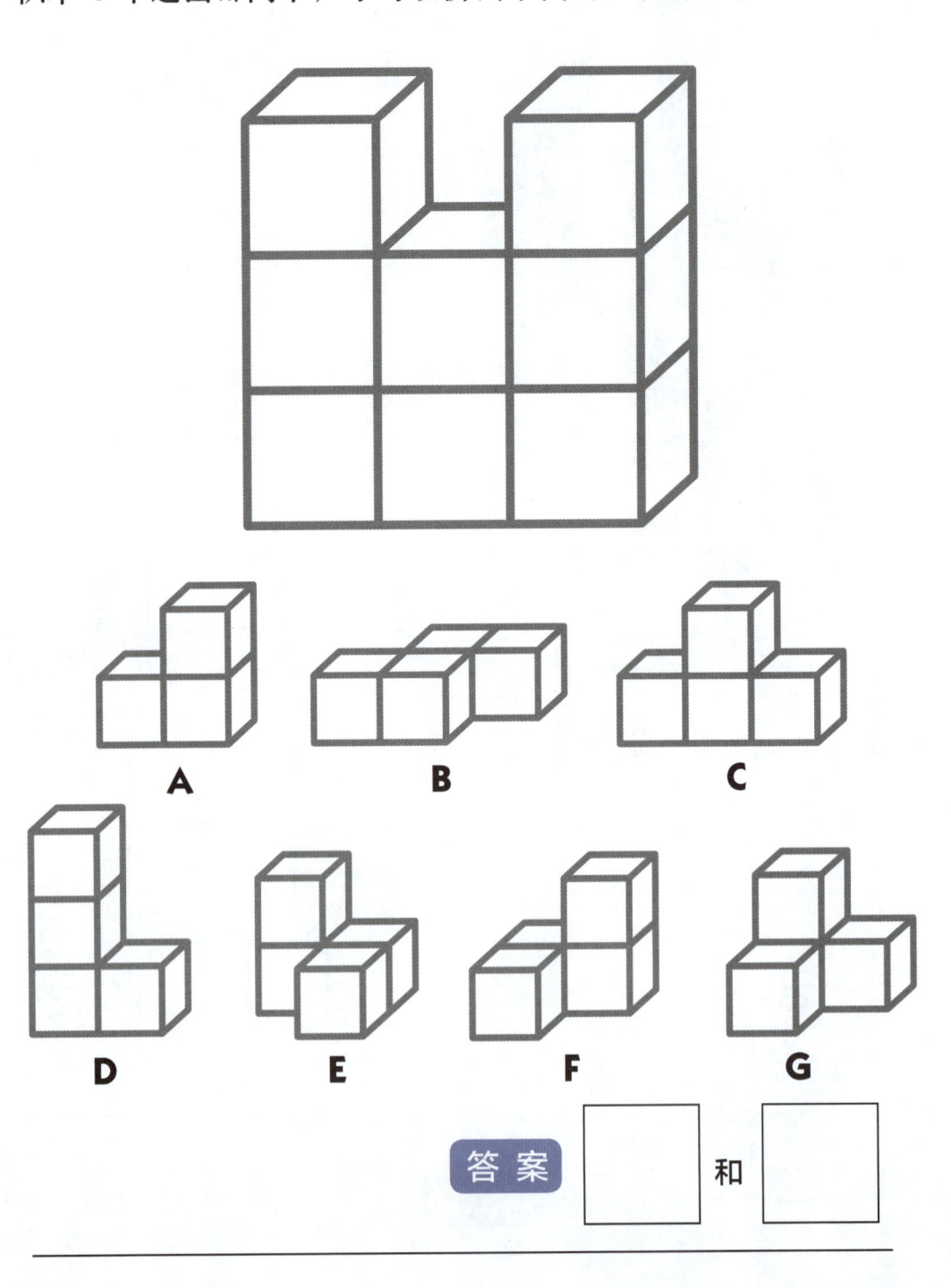

答案 □ 和 □

67 咕噜咕噜大作战

积木 D 的其中 3 个面有颜色，在数字带上咕噜咕噜滚动时，把有颜色的面所经过的数字加起来，和是多少呢？

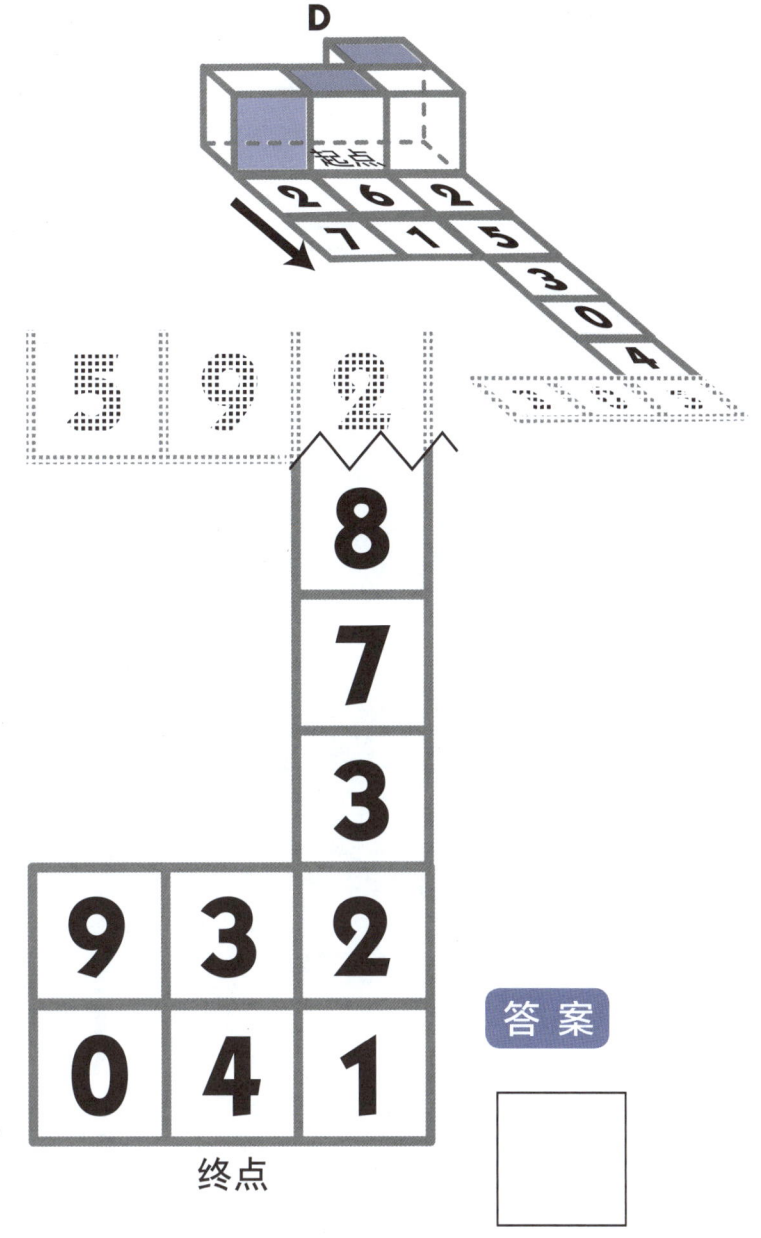

答案和解说 ☞ 第 95 页

68 你说我猜

小立方说的是哪个几何体呢？

小立方说："积木 F 和积木 G 各有 3 个面和地面接触。积木 F 在左侧，并且有三个面和积木 G 相接触。"

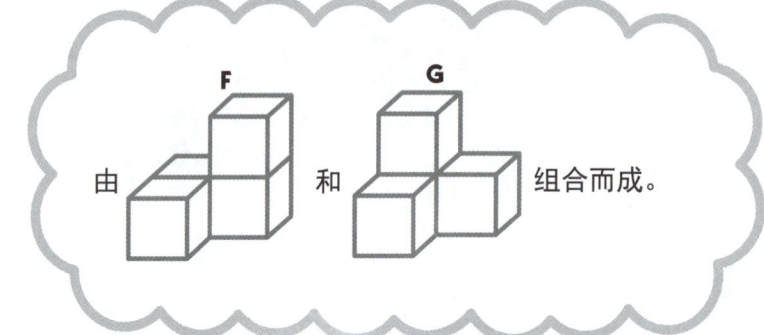

由 F 和 G 组合而成。

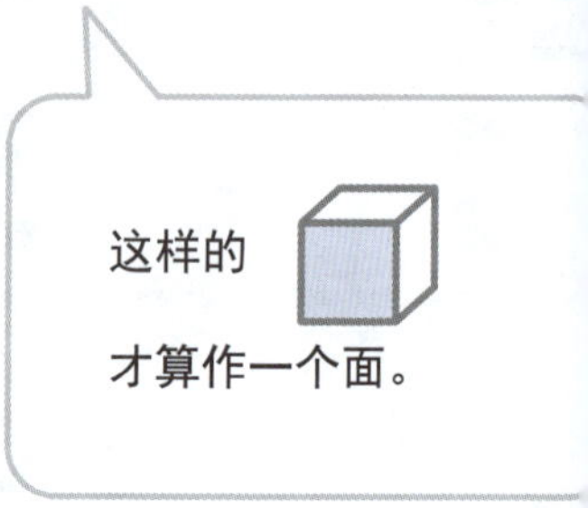

这样的 才算作一个面。

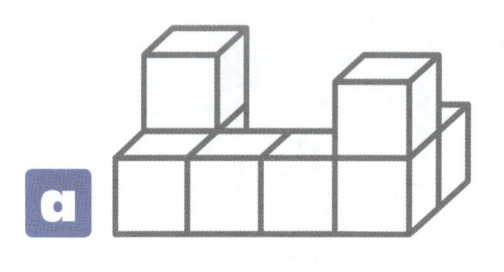

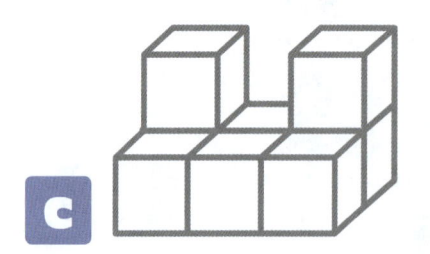

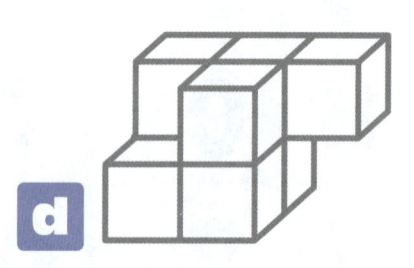

a

b

c

d

答案

69 猜高度

用积木 B、积木 C、积木 D 完成几何体。以从左面和前面看到的图为参考，猜一猜从上面看到的几何体的高度。

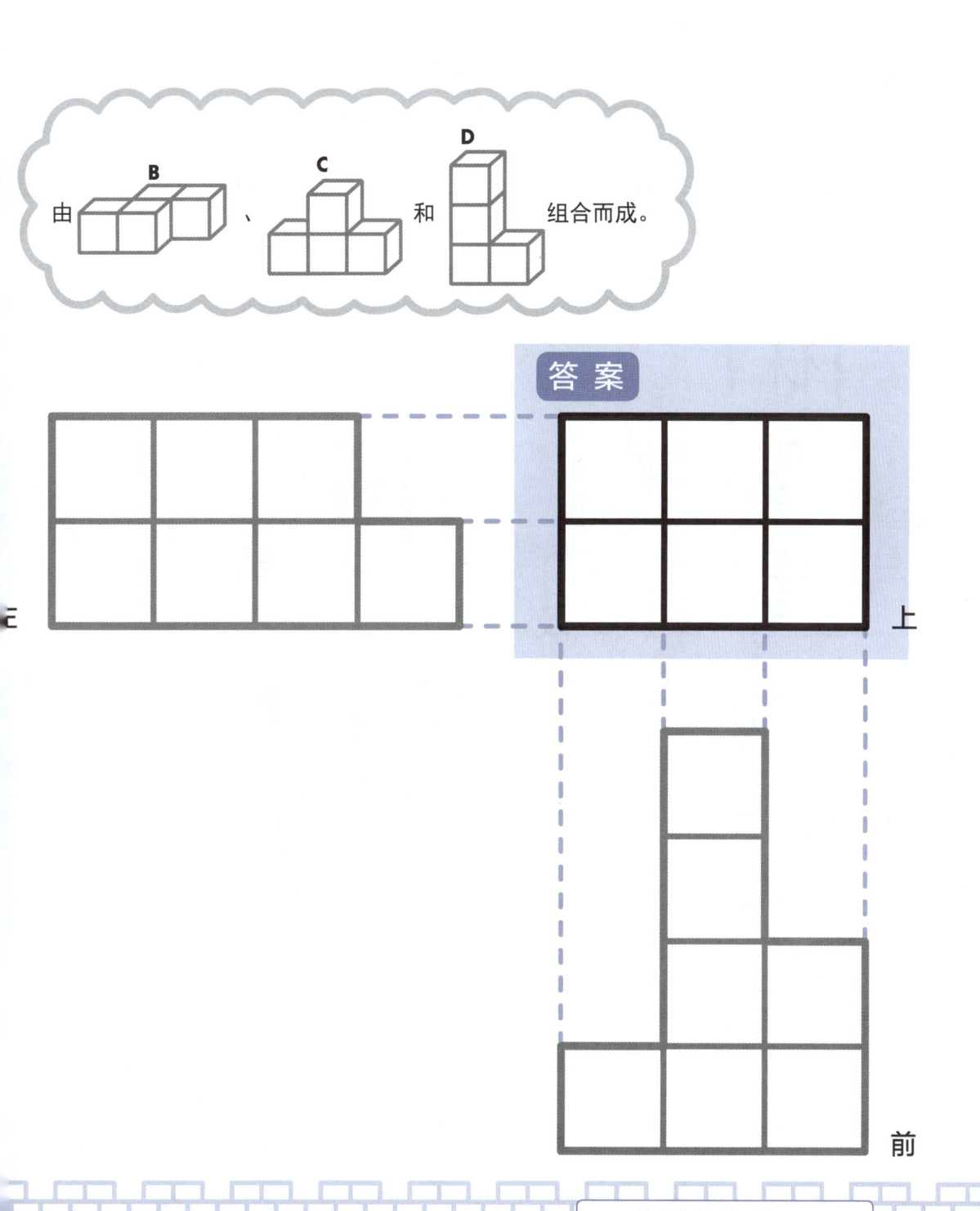

由 B 、 C 和 D 组合而成。

答案

上

前

答案和解说 ☞ 第 95 页

71

70 咕噜咕噜大搜查

积木 C 的其中两个面有颜色。在文字带上咕噜咕噜滚动时，把有颜色的面所经过的文字连连看。

起点

乌	鸡	车
	守	
	株	
	龟	

汽	母	儿	口	户	待	
					奔	赛
				小	子	跑
				鸦	轮	球
					胎	
					兔	

终点

答案

71 穿过空格

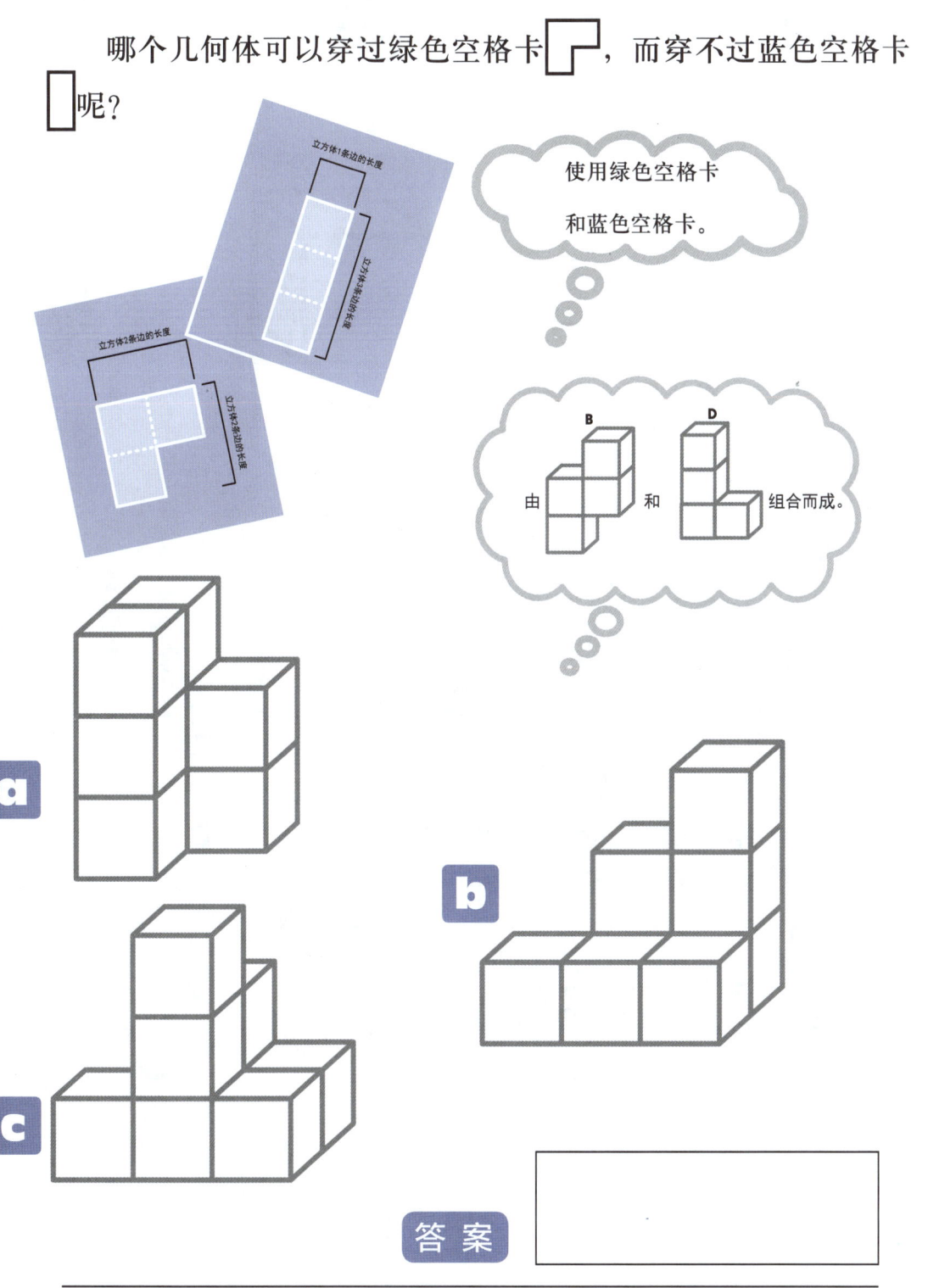

哪个几何体可以穿过绿色空格卡 ⌐，而穿不过蓝色空格卡 □ 呢？

使用绿色空格卡和蓝色空格卡。

由 B 和 D 组合而成。

a

b

c

答案

72 立体大家族

要从积木 A、积木 B、积木 C、积木 D、积木 E、积木 F、积木 G 中选出哪两个，才可以拼出下面的几何体？

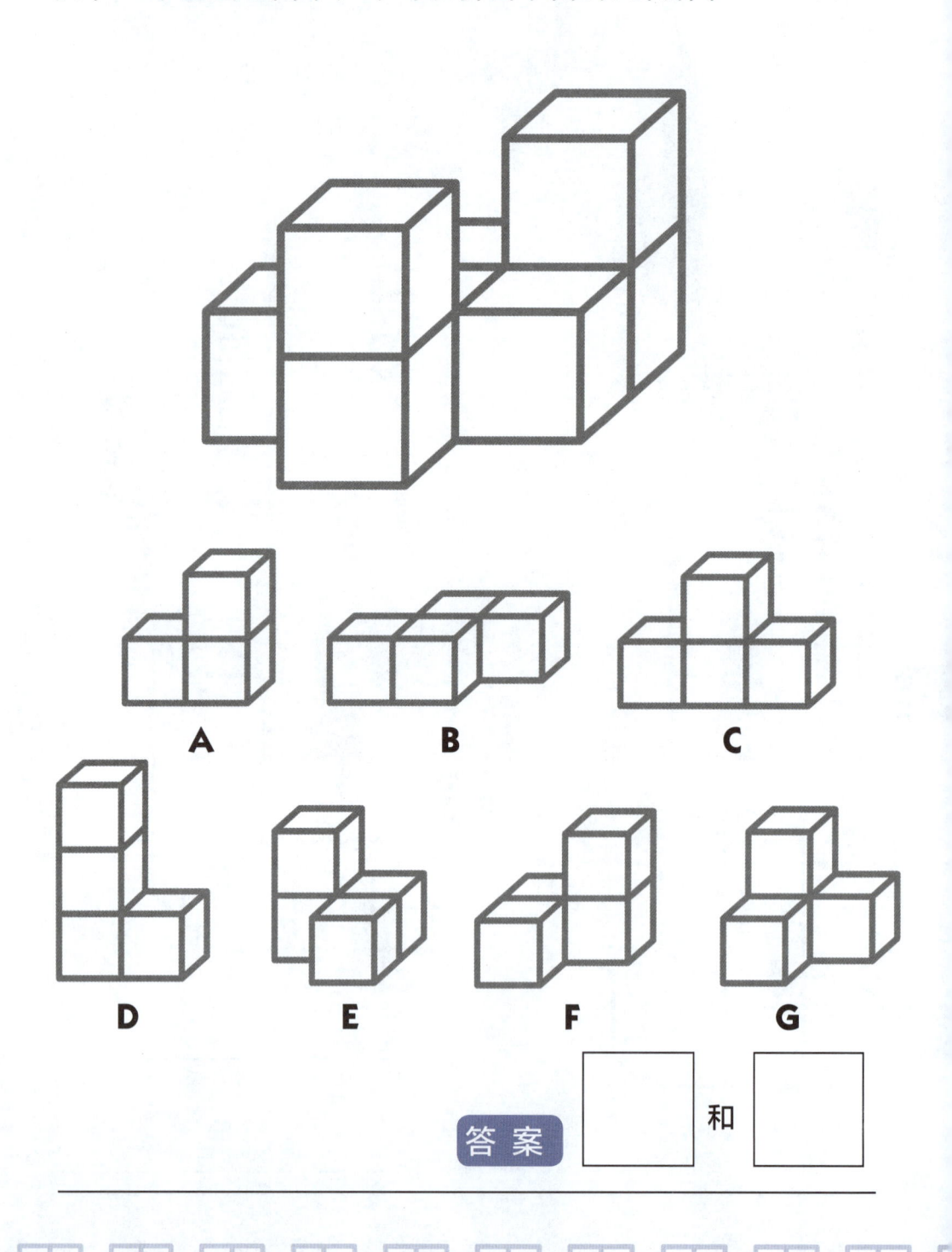

A B C D E F G

答案 □ 和 □

73 咕噜咕噜大作战

积木 C 的其中 4 个面有颜色，在数字带上咕噜咕噜滚动时，把有颜色的面所经过的数字加起来，和是多少呢？

74 你说我猜

小立方说的是哪个几何体呢?

小立方说:"积木 D 横躺在地上,在它的内侧挨着积木 E。它们之间有一个面是互相接触的。从上面看会看到一个小凹槽,积木 A 的一部分恰好插入这个凹槽内。"

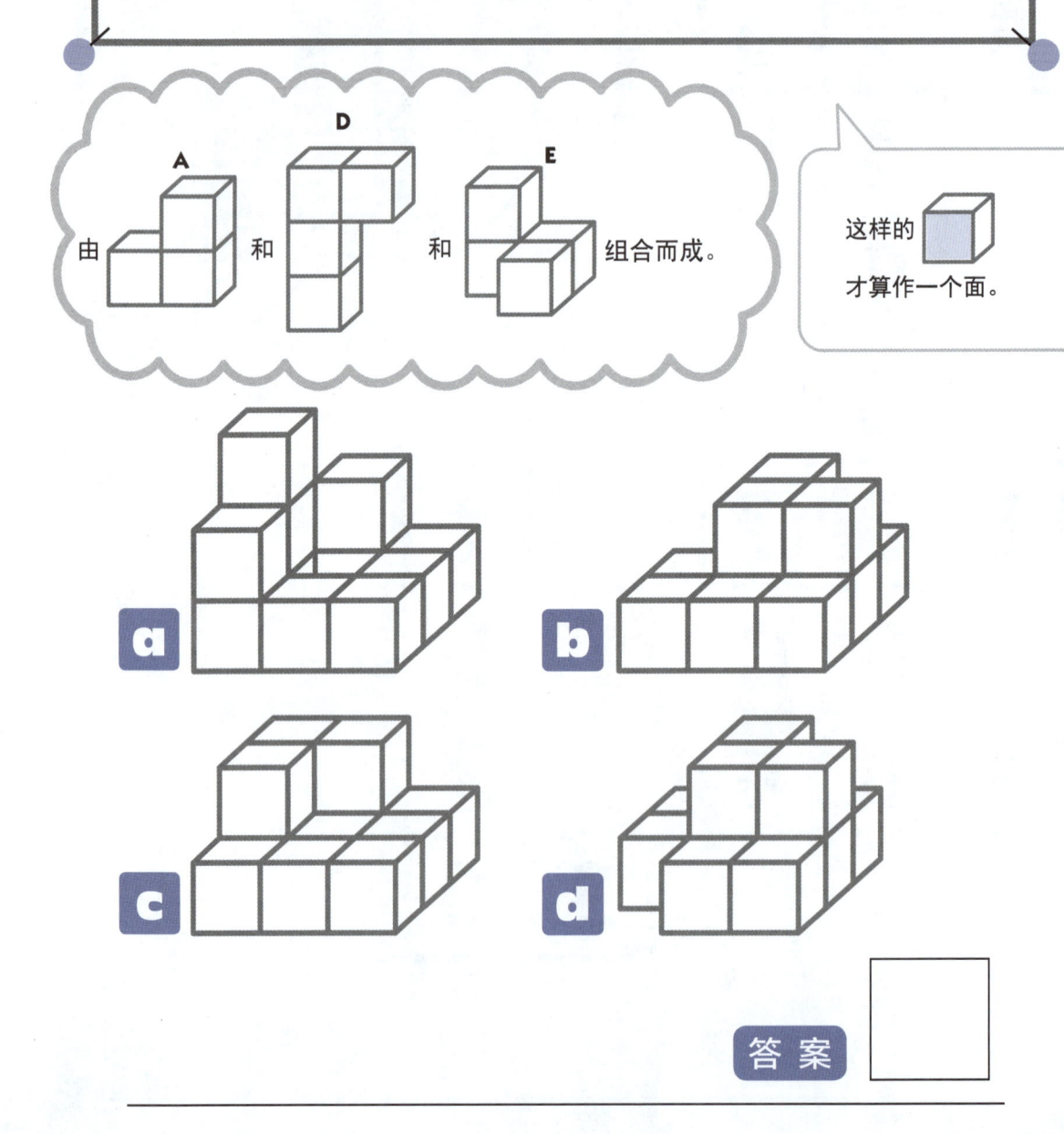

由 A 和 D 和 E 组合而成。

这样的 才算作一个面。

a
b
c
d

答案

答案和解说 ☞ 第96页

75 猜高度

用积木 C、积木 D、积木 E 完成几何体。以从左面和前面看到的图为参考，猜一猜从上面看到的几何体的高度。

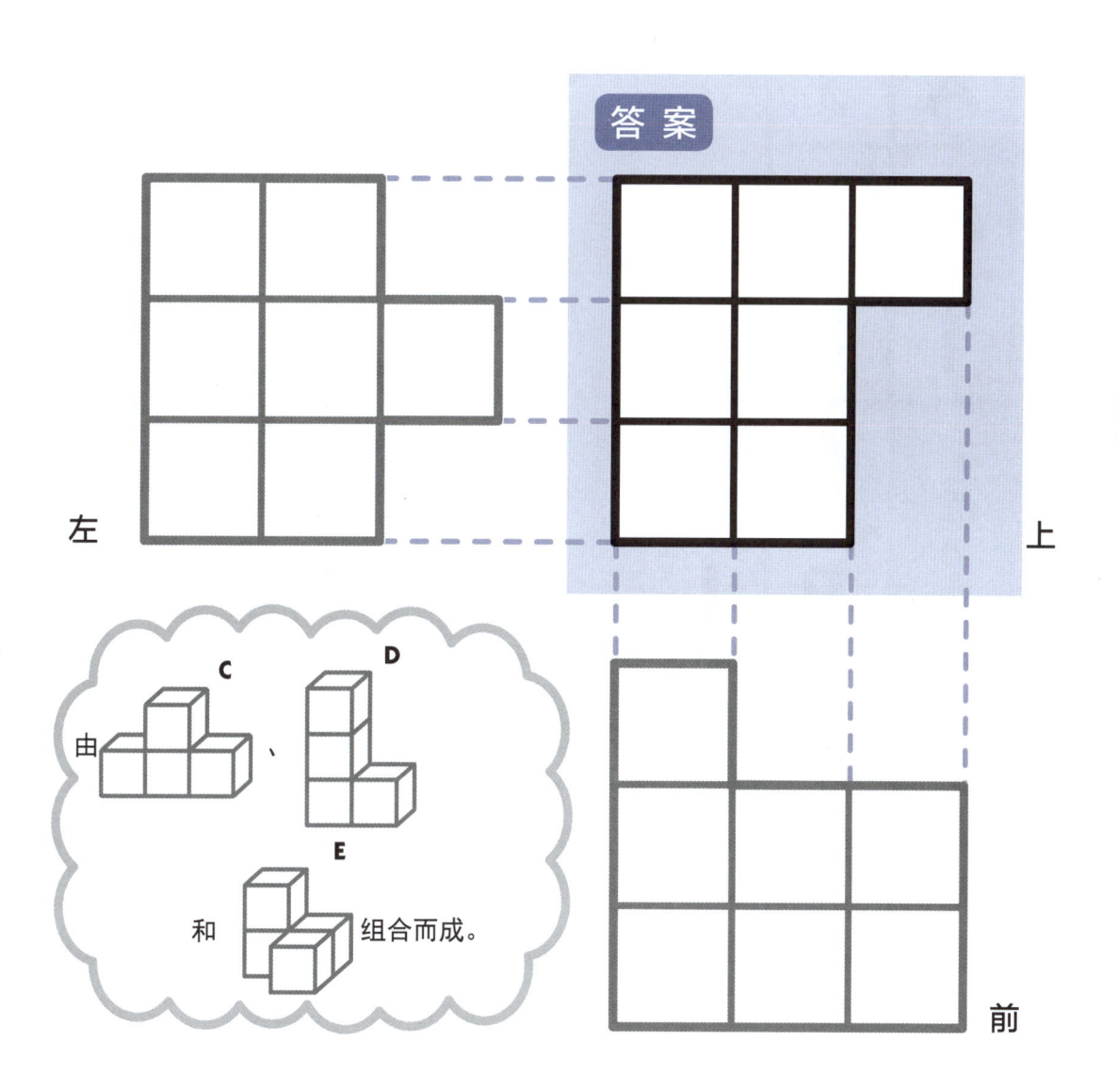

左

由 C、D、E 和 组合而成。

答案

上

前

76 咕噜咕噜大搜查

积木 B 的其中三个面有颜色。在字母带上咕噜咕噜滚动时，把有颜色的面所经过的字母连连看。

起点

终点

答案

77 穿过空格

哪些几何体可以穿过空格卡呢？（可多选）

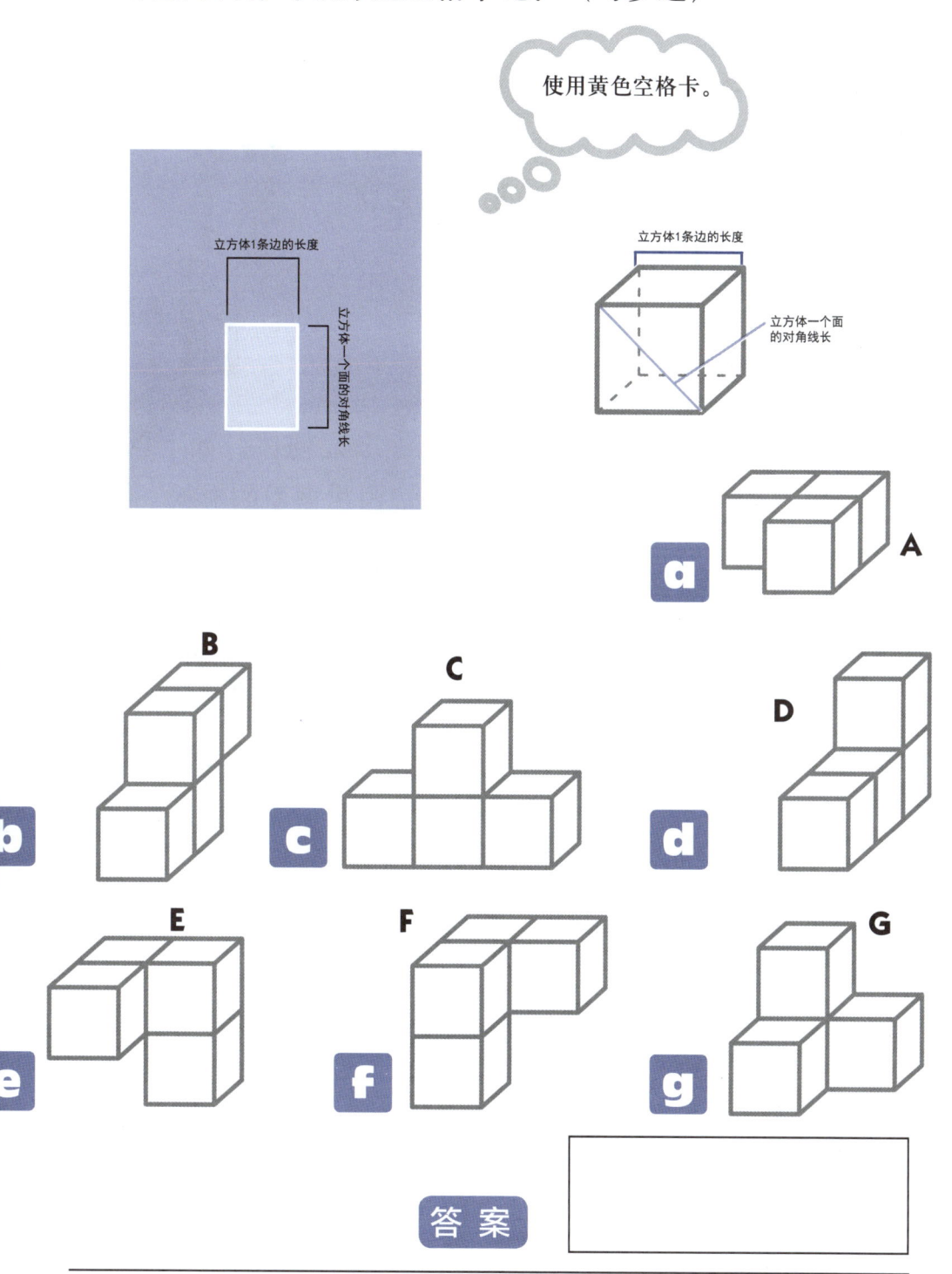

使用黄色空格卡。

立方体1条边的长度

立方体一个面的对角线长

立方体1条边的长度

立方体一个面的对角线长

a A

b B   c C   d D

e E   f F   g G

答案

附加题

78 双色截面的形状

例

用金积木 A 和银积木 A 做了一个几何体，如右图所示。把几何体沿裁切线——切开，截面的形状可以用右下角的图来表示。

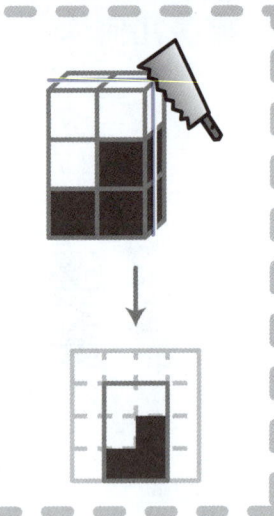

用金积木 E 和银积木 G 做了一个几何体，如下图所示。把几何体沿裁切线——切开，请画出截面的形状。

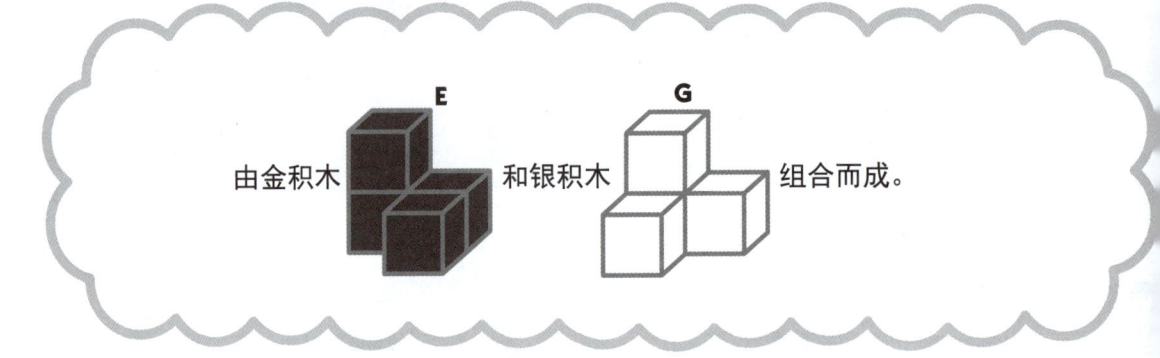

由金积木 E 和银积木 G 组合而成。

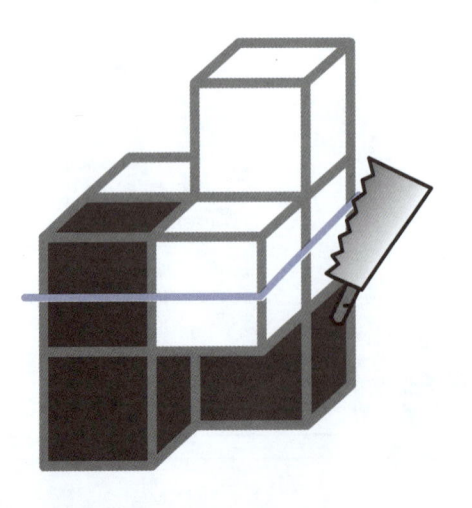

答案

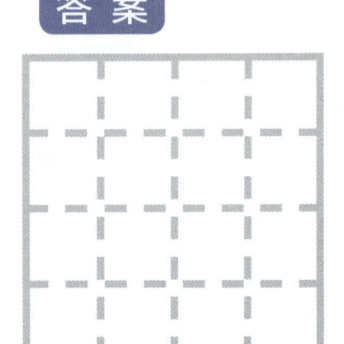

答案和解说☞第97页

附加题

79 双色截面的形状

用金积木 C 和银积木 F 做了一个几何体,如下图所示。把几何体沿裁切线——切开,请画出截面的形状。(图中的几何体没有颜色,需要大家自己想象哦。)

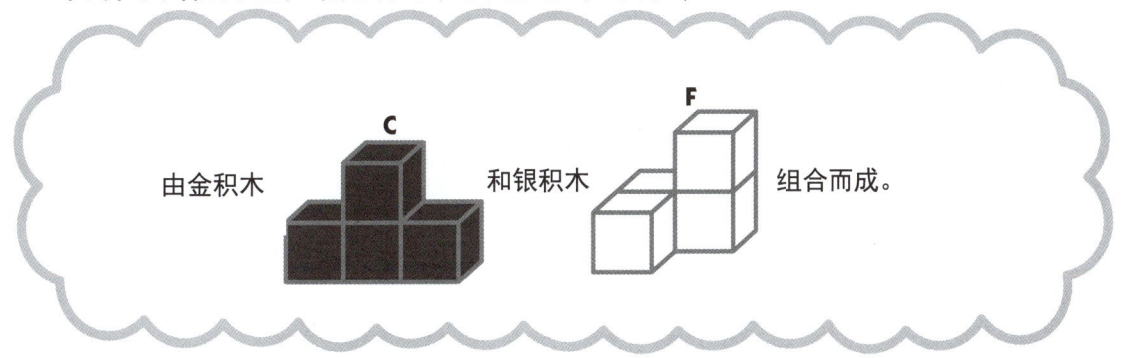

由金积木 **C** 和银积木 **F** 组合而成。

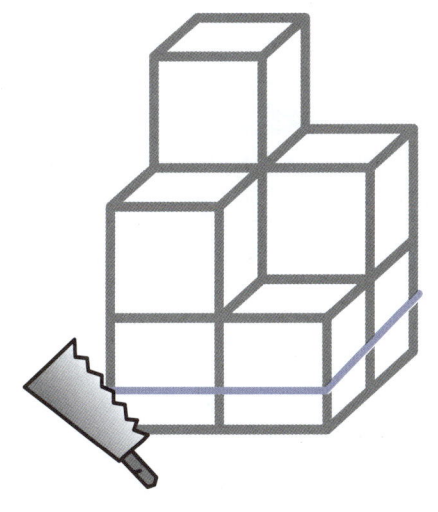

答案

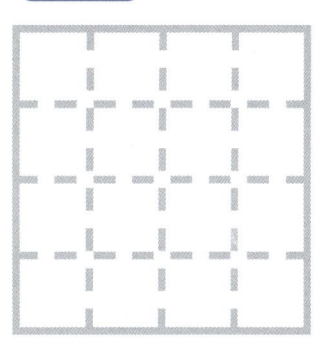

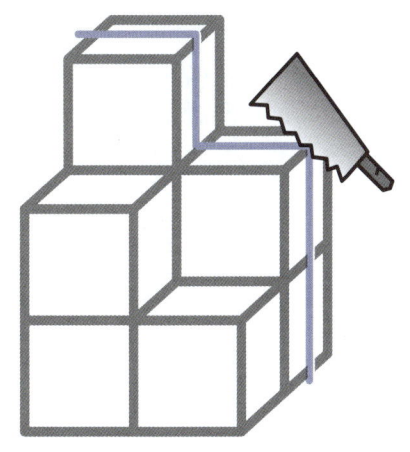

答案

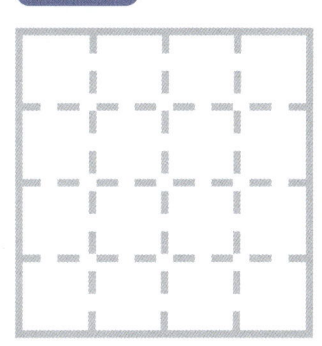

答案和解说 ☞ 第 97 页

附加题

80 双色截面的形状

用金积木 B 和银积木 D 做了一个几何体，如下图所示。把几何体沿裁切线——切开，请画出截面的形状。（图中的几何体没有颜色，需要大家自己想象哦。）

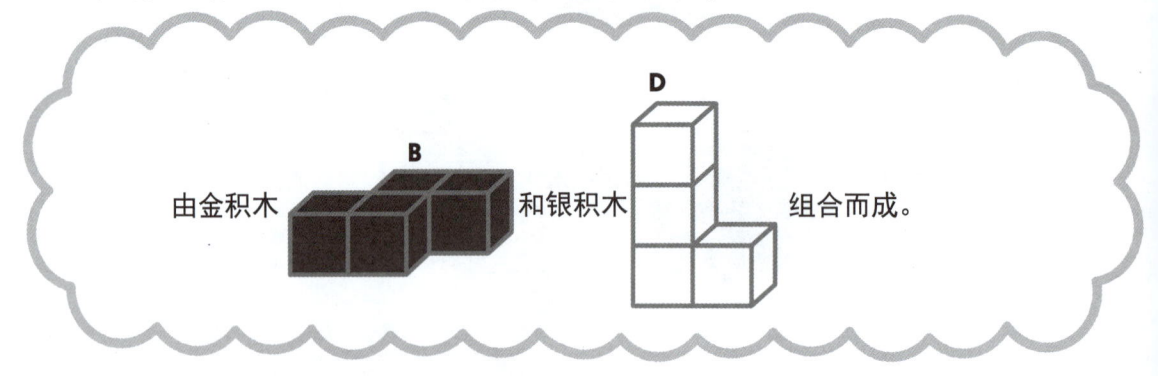

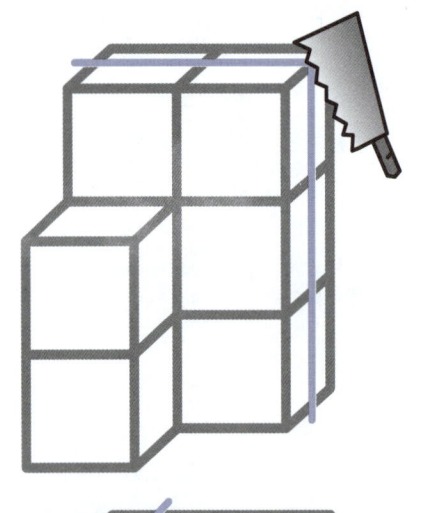

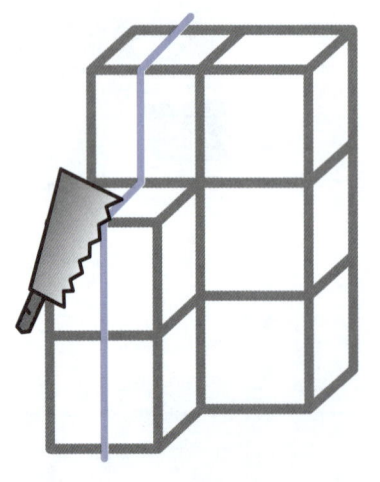

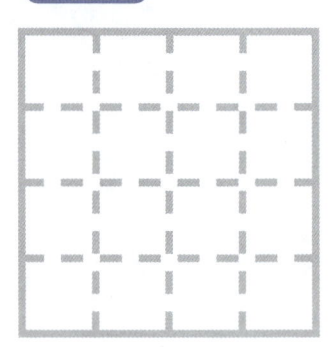

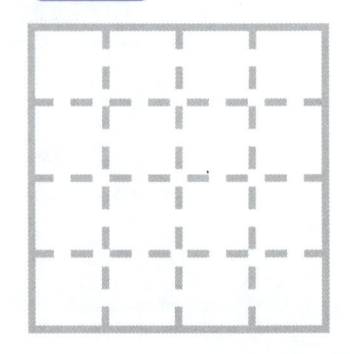

由金积木 B 和银积木 D 组合而成。

答案

答案

答案和解说 ☞ 第 97 页

82

空间思维大挑战 立体王

研究能力篇

参考答案

阶段 1

1 平面拼图
● 第 2 页

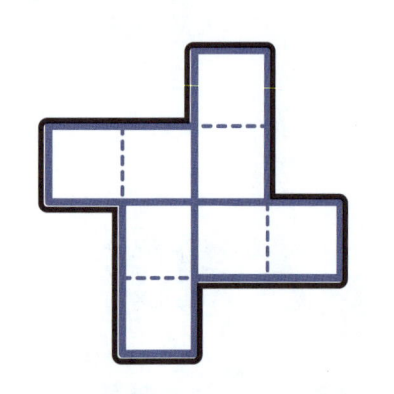

2 咕噜咕噜大作战
● 第 3 页

答案 10

3 你说我猜
● 第 4 页

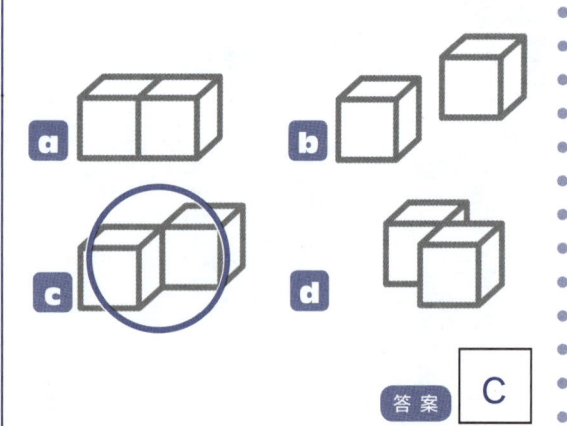

a b c d

答案 C

4 猜高度
● 第 5 页

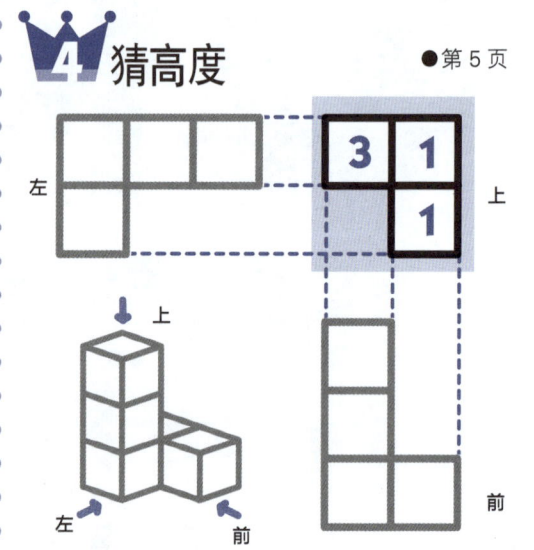

左 | 3 1 | 上
    | 1 |

左 前 前

5 咕噜咕噜大搜查
● 第 6 页

答案 小橘子

6 平面拼图
● 第 7 页

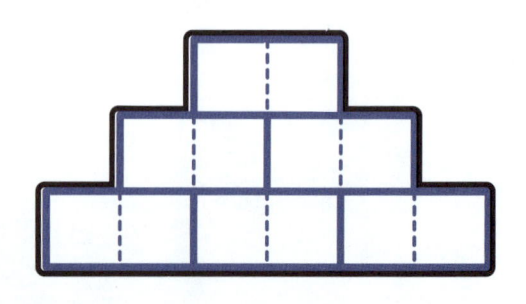

84

7 咕噜咕噜大作战 ●第8页

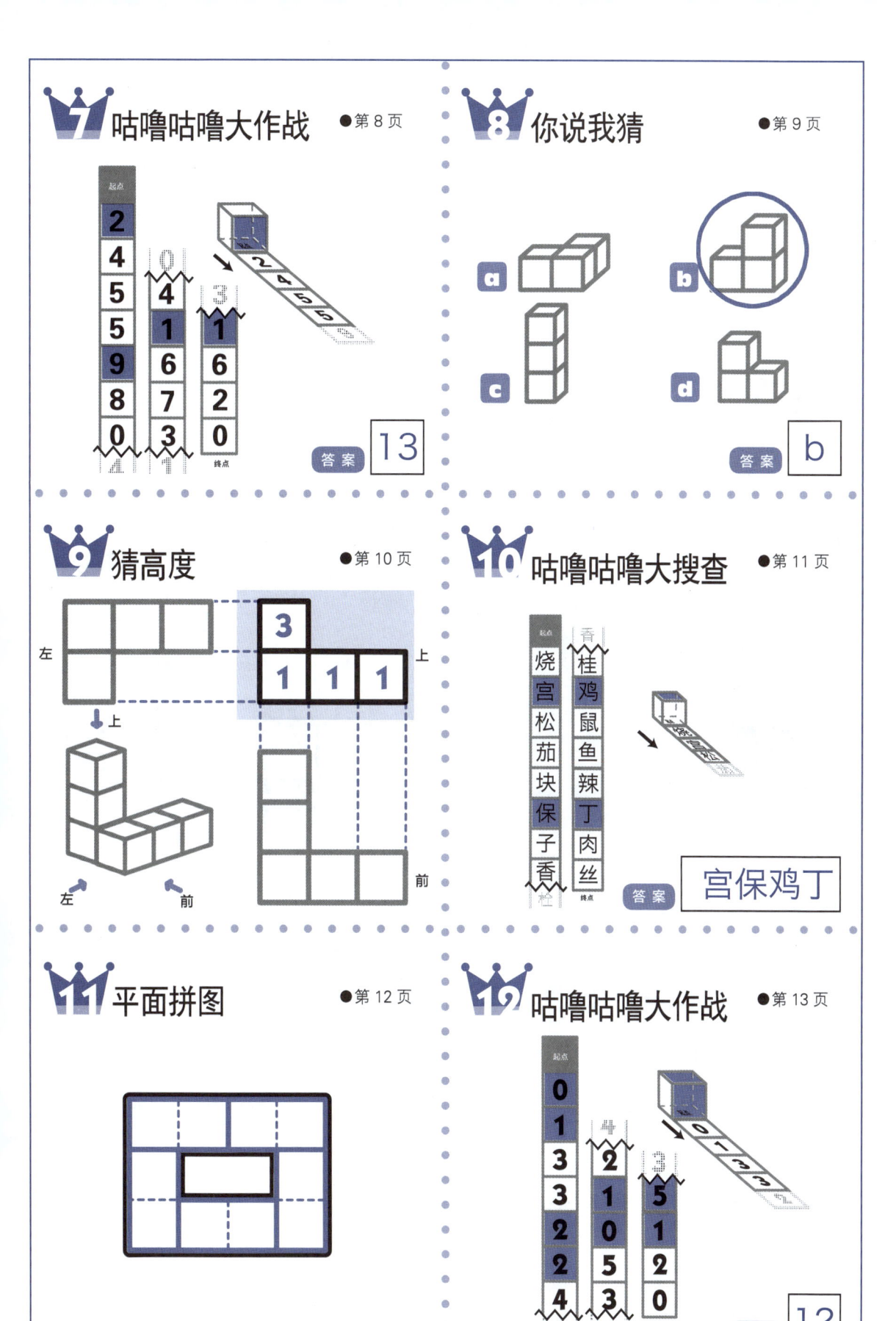

答案 13

8 你说我猜 ●第9页

答案 b

9 猜高度 ●第10页

10 咕噜咕噜大搜查 ●第11页

答案 宫保鸡丁

11 平面拼图 ●第12页

（还有其他答案）

12 咕噜咕噜大作战 ●第13页

答案 12

13 你说我猜 ●第14页

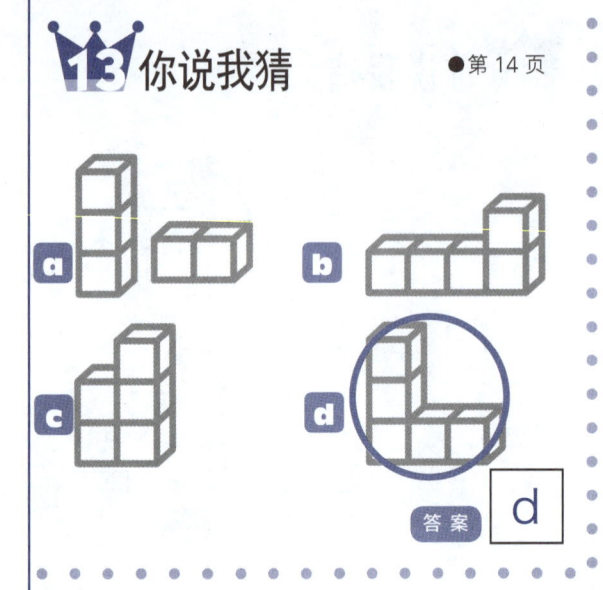

答案 d

14 猜高度 ●第15页

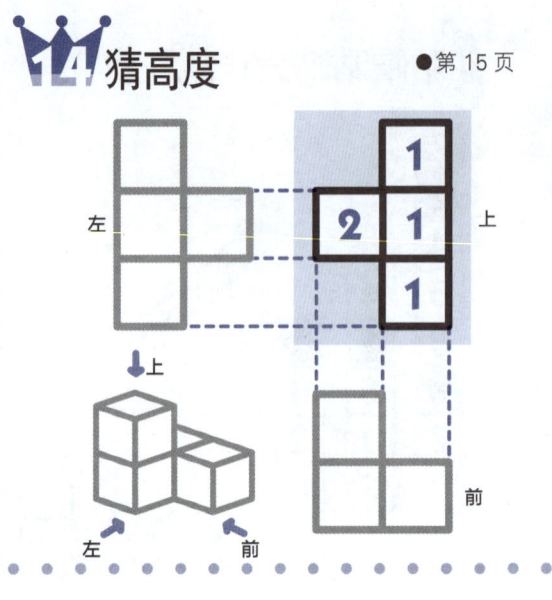

15 咕噜咕噜大搜查 ●第16页

答案 GOOD

16 平面拼图 ●第17页

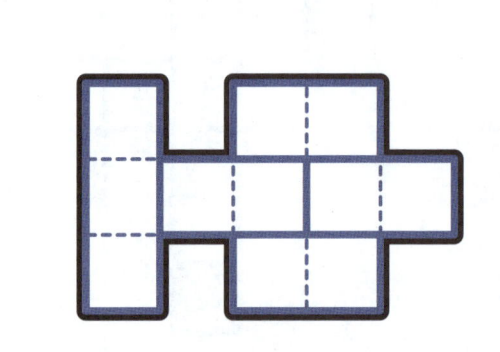

17 咕噜咕噜大作战 ●第18页

答案 10

18 你说我猜 ●第19页

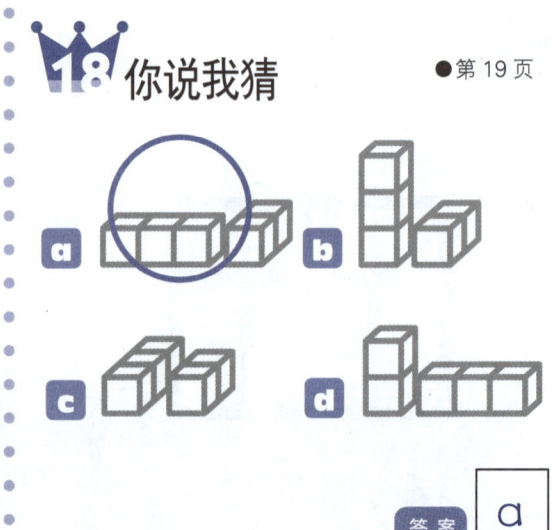

答案 a

19 猜高度
●第 20 页

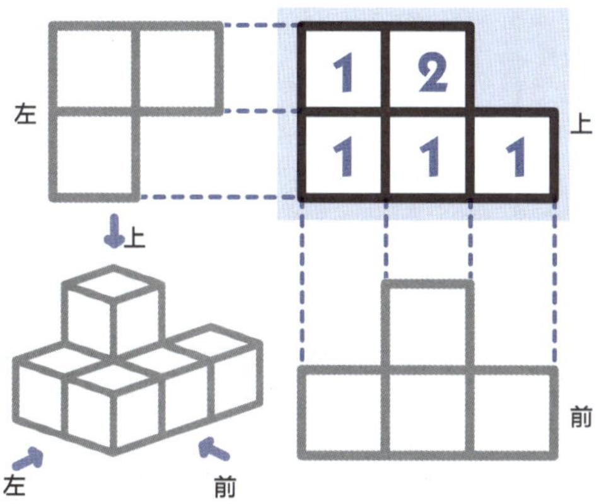

20 咕噜咕噜大搜查
●第 21 页

答案：一不做二不休

21 平面拼图
●第 22 页

（还有其他答案）

22 咕噜咕噜大作战
●第 23 页

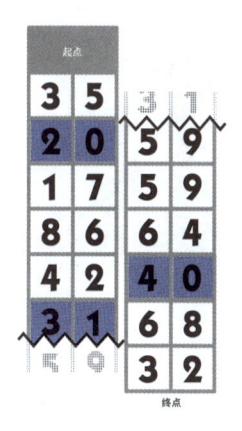

答案：10

23 你说我猜
●第 24 页

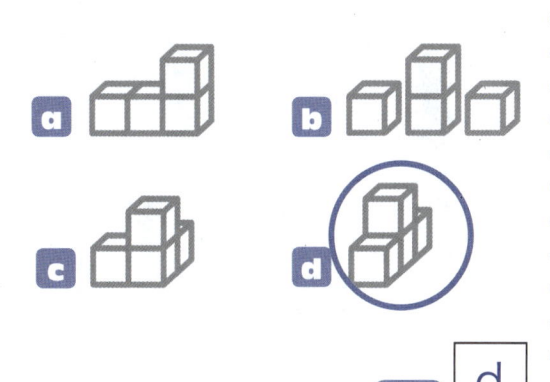

答案：d

24 猜高度
●第 25 页

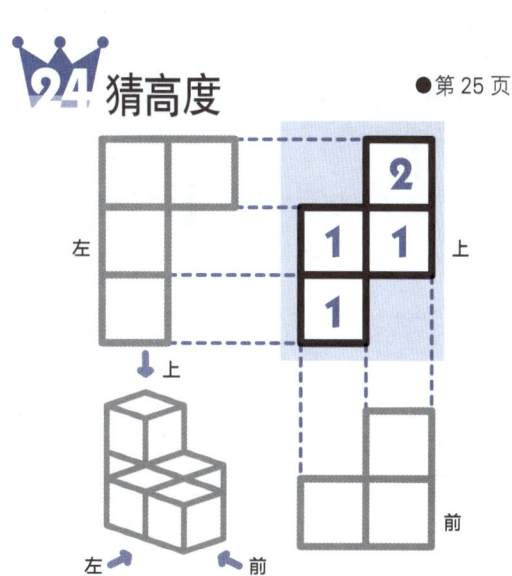

87

25 咕噜咕噜大搜查　●第26页

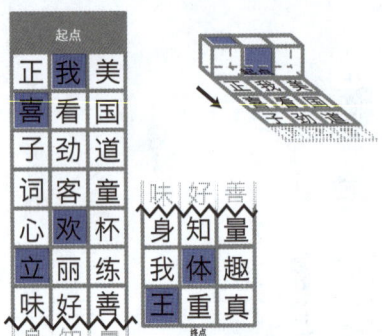

答案：我喜欢立体王

26 平面拼图　●第27页

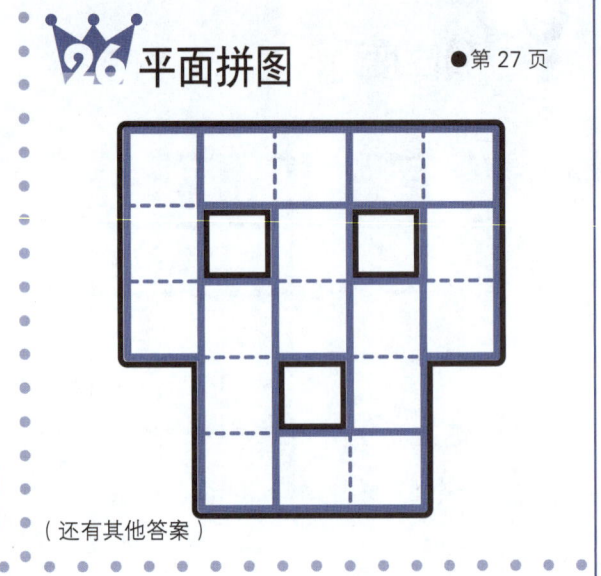

（还有其他答案）

27 咕噜咕噜大作战　●第28页

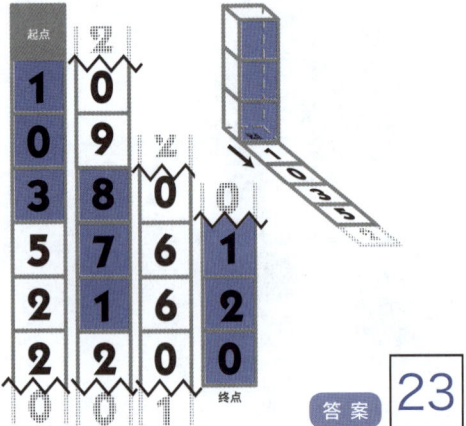

答案：23

28 你说我猜　●第29页

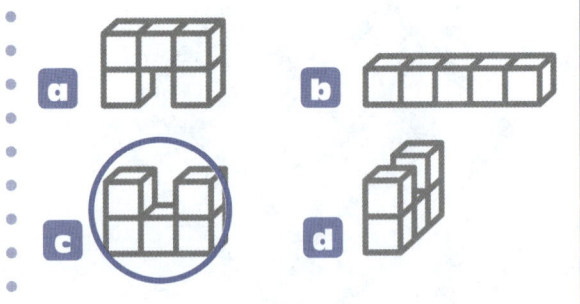

答案：C

29 猜高度　●第30页

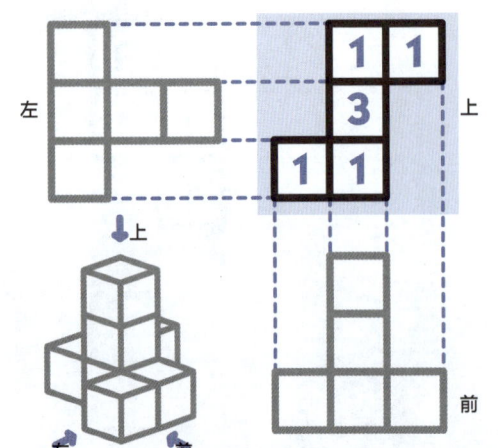

30 咕噜咕噜大搜查　●第31页

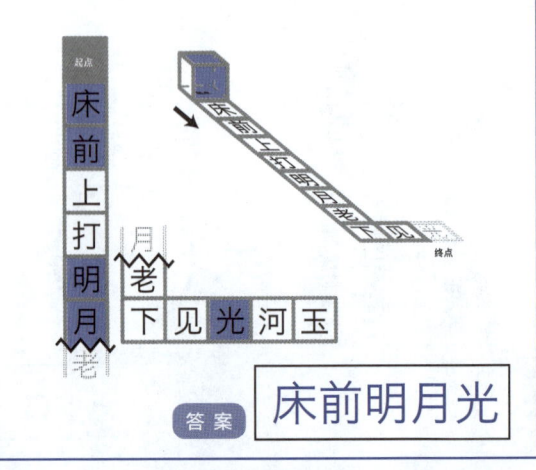

答案：床前明月光

31 平面拼图
●第 32 页

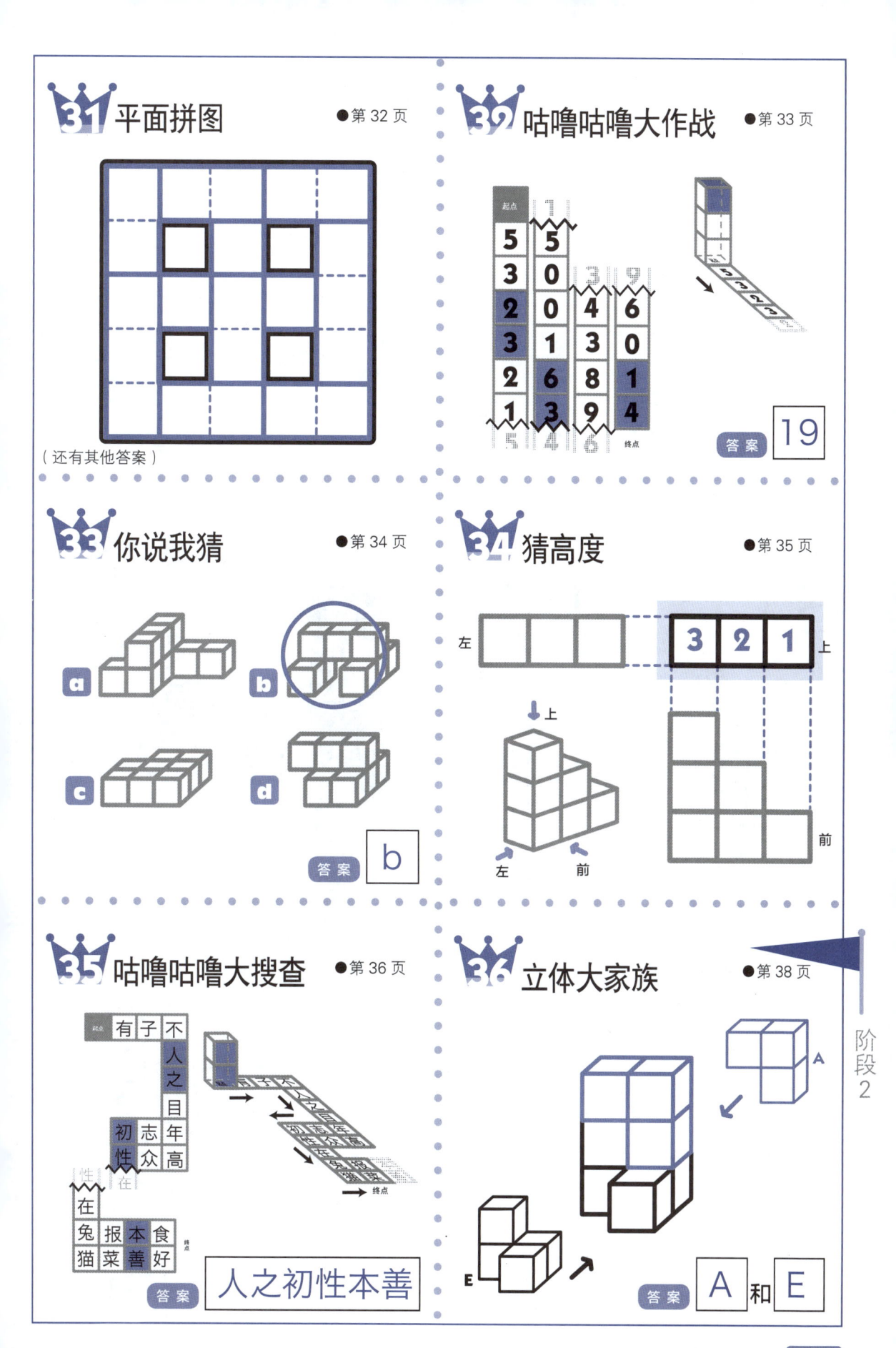

（还有其他答案）

32 咕噜咕噜大作战
●第 33 页

答案 19

33 你说我猜
●第 34 页

a b c d

答案 b

34 猜高度
●第 35 页

左 | 3 2 1 | 上

35 咕噜咕噜大搜查
●第 36 页

答案 人之初性本善

36 立体大家族
●第 38 页

答案 A 和 E

阶段 2

37 咕噜咕噜大作战
●第39页

答案 6

38 你说我猜
●第40页

a b c d

答案 c

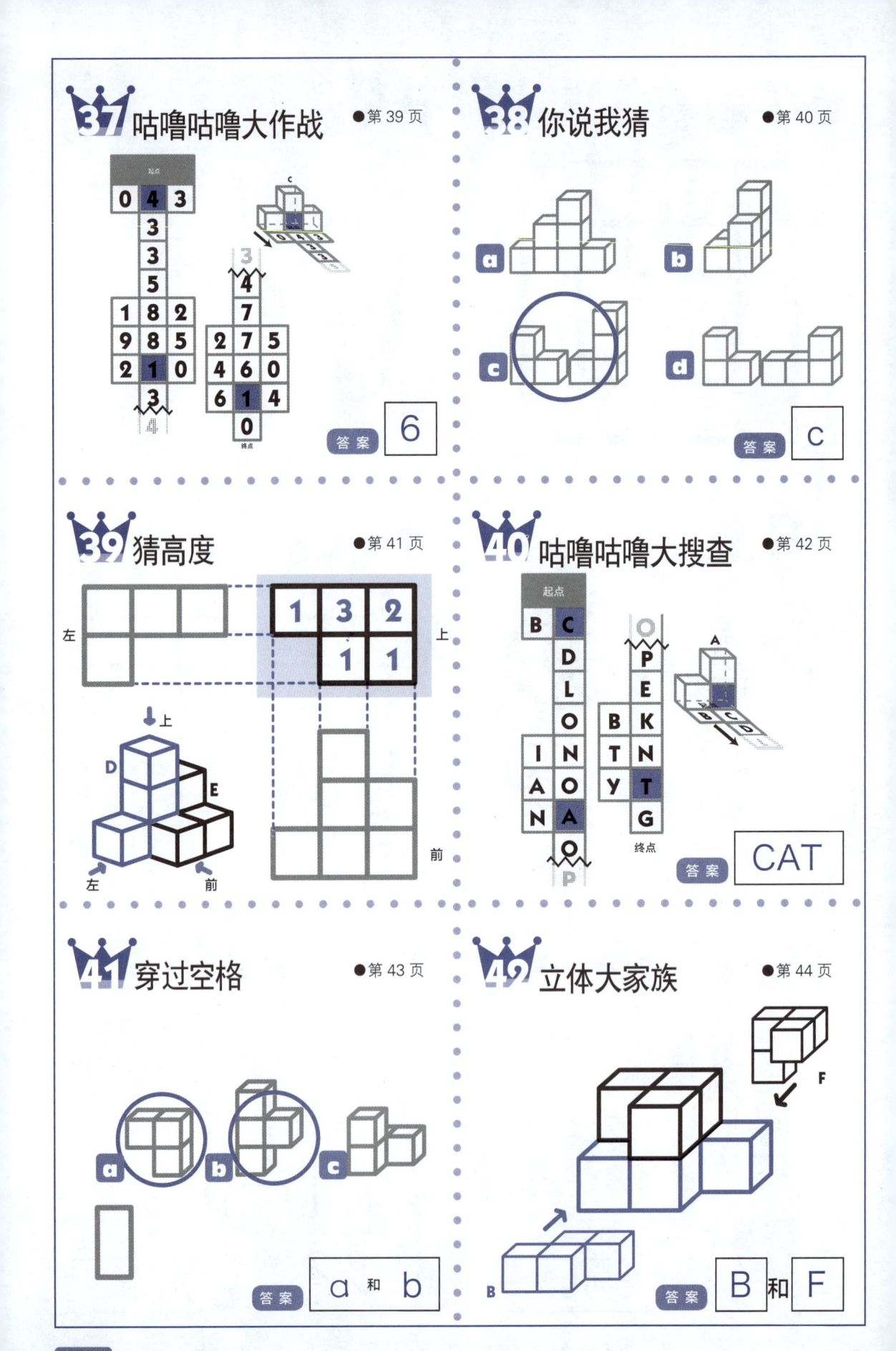

39 猜高度
●第41页

40 咕噜咕噜大搜查
●第42页

答案 CAT

41 穿过空格
●第43页

答案 a 和 b

42 立体大家族
●第44页

答案 B 和 F

90

43 咕噜咕噜大作战
●第 45 页

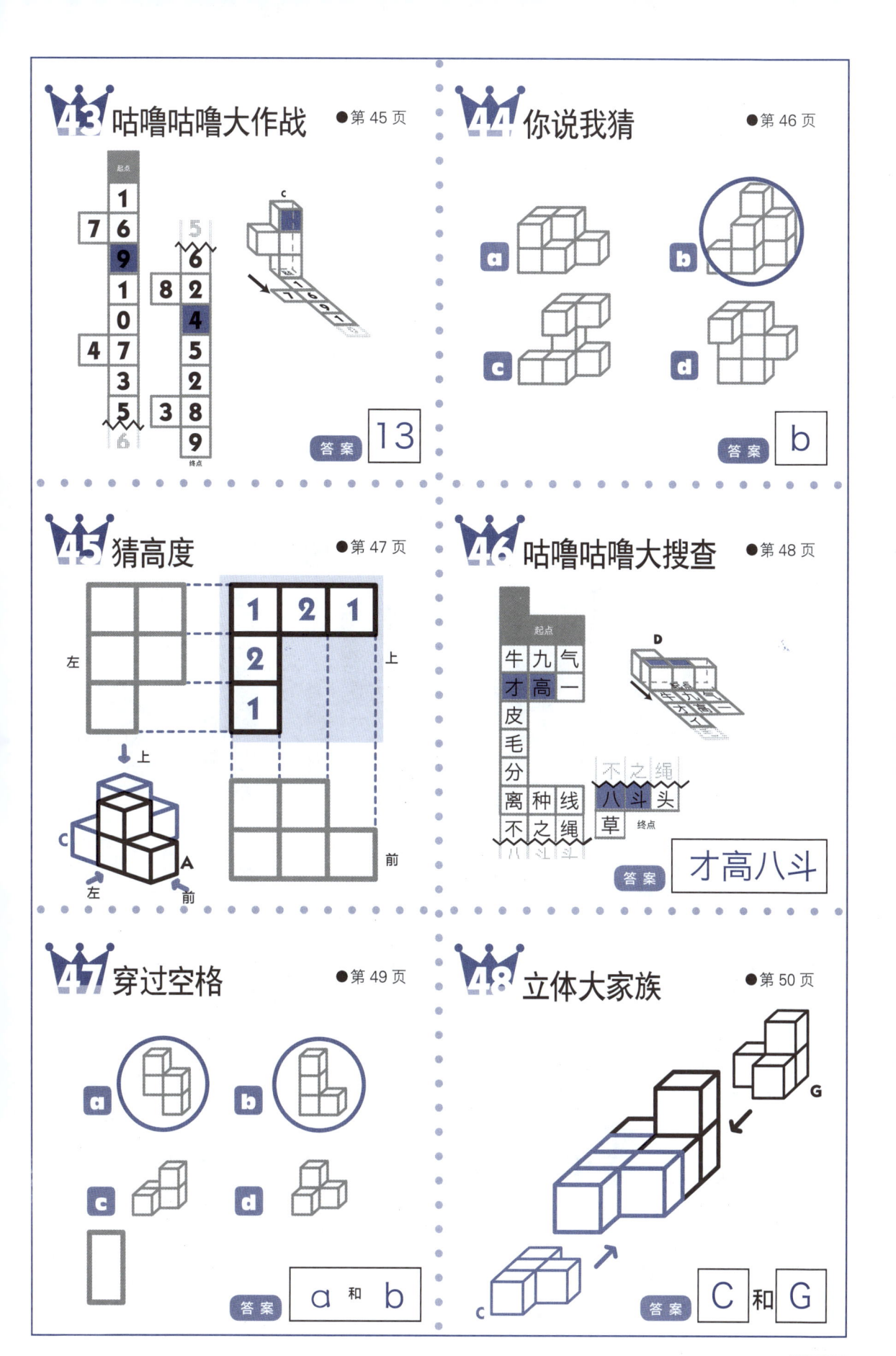

答案 13

44 你说我猜
●第 46 页

答案 b

45 猜高度
●第 47 页

46 咕噜咕噜大搜查
●第 48 页

答案 才高八斗

47 穿过空格
●第 49 页

答案 a 和 b

48 立体大家族
●第 50 页

答案 C 和 G

91

49 咕噜咕噜大作战
● 第 51 页

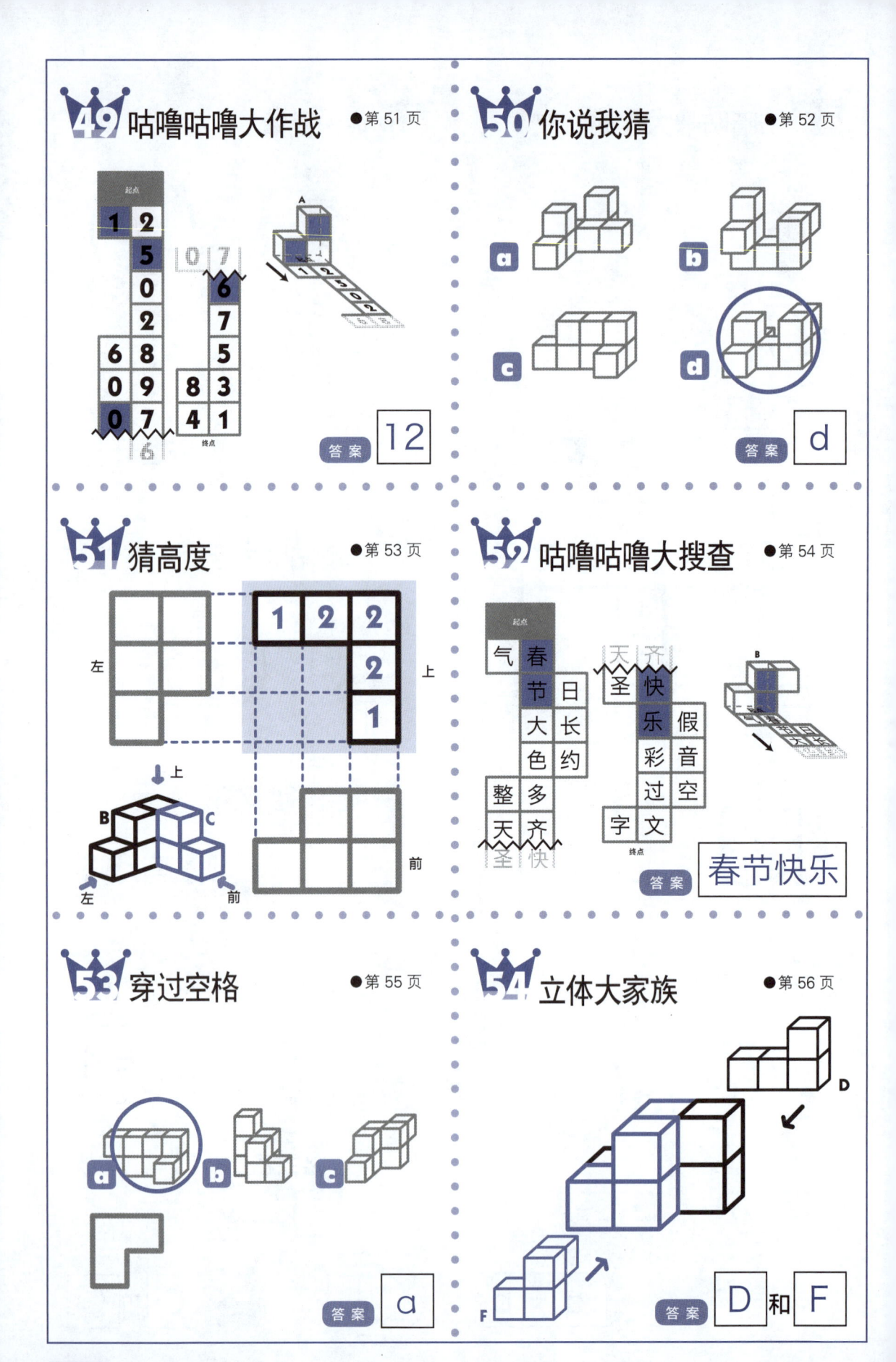

答案 12

50 你说我猜
● 第 52 页

答案 d

51 猜高度
● 第 53 页

52 咕噜咕噜大搜查
● 第 54 页

答案 春节快乐

53 穿过空格
● 第 55 页

答案 a

54 立体大家族
● 第 56 页

答案 D 和 F

55 咕噜咕噜大作战
● 第 57 页

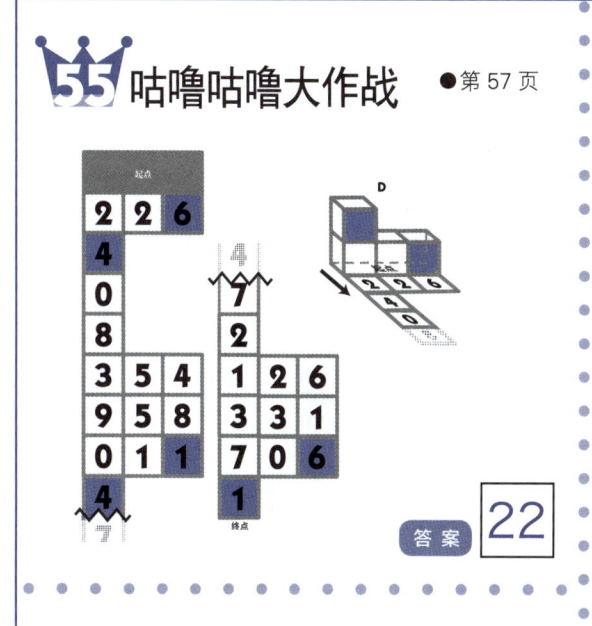

答案 22

56 你说我猜
● 第 58 页

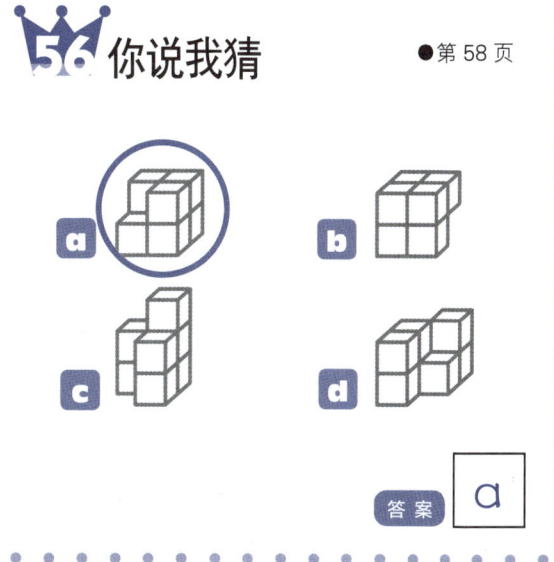

答案 a

57 猜高度
● 第 59 页

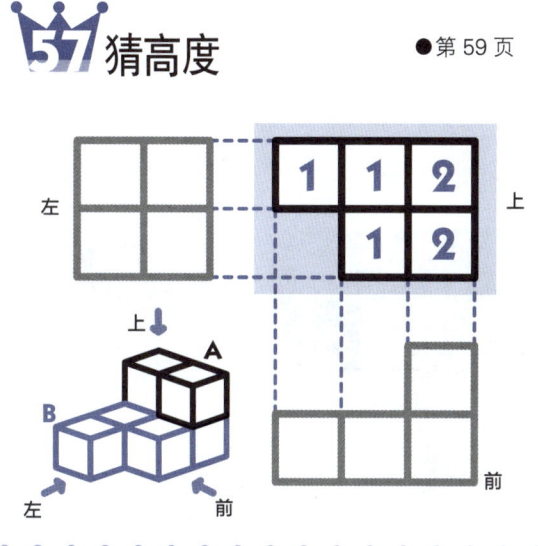

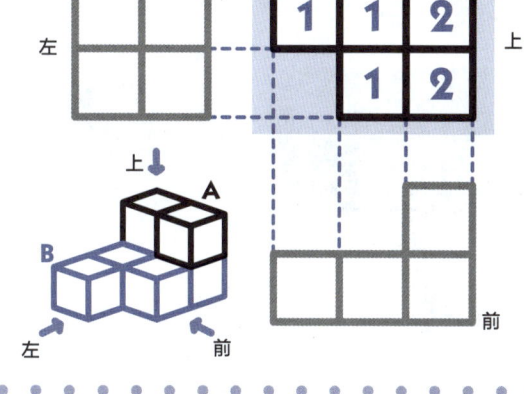

58 咕噜咕噜大搜查
● 第 60 页

答案 打棒球真高兴

59 穿过空格
● 第 61 页

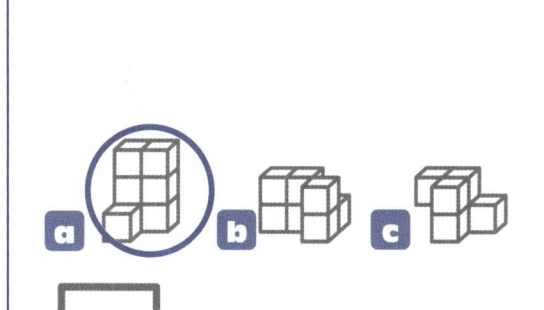

答案 a

60 立体大家族
●第62页

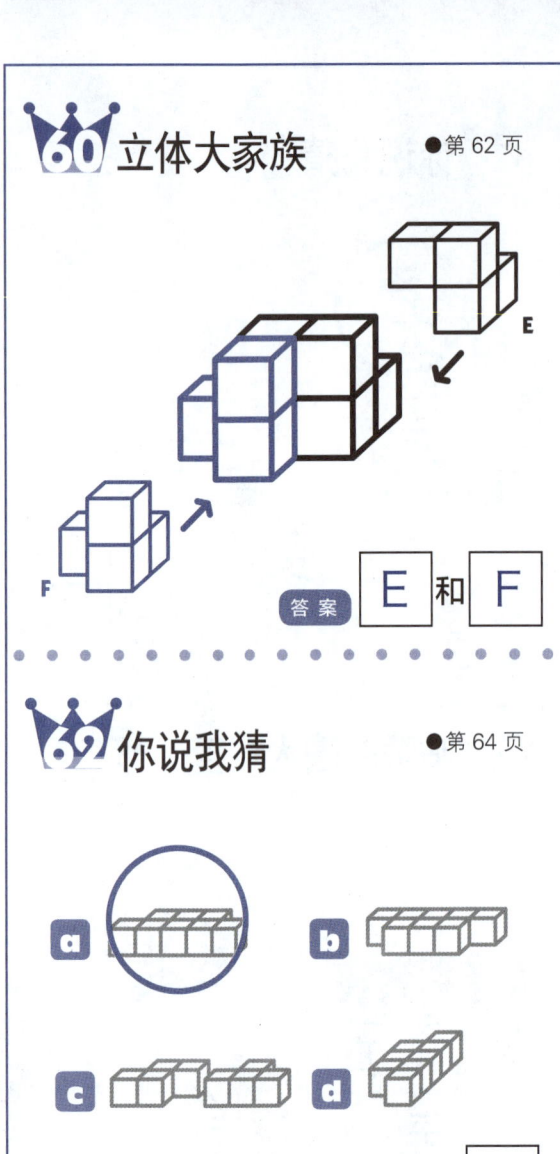

答案 E 和 F

61 咕噜咕噜大作战
●第63页

答案 17

62 你说我猜
●第64页

答案 a

63 猜高度
●第65页

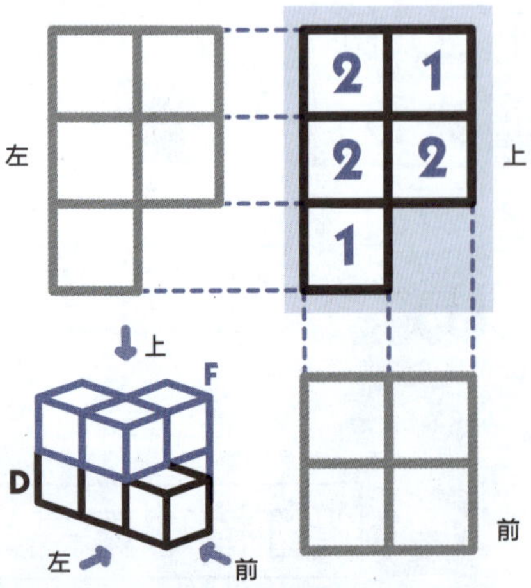

64 咕噜咕噜大搜查
●第66页

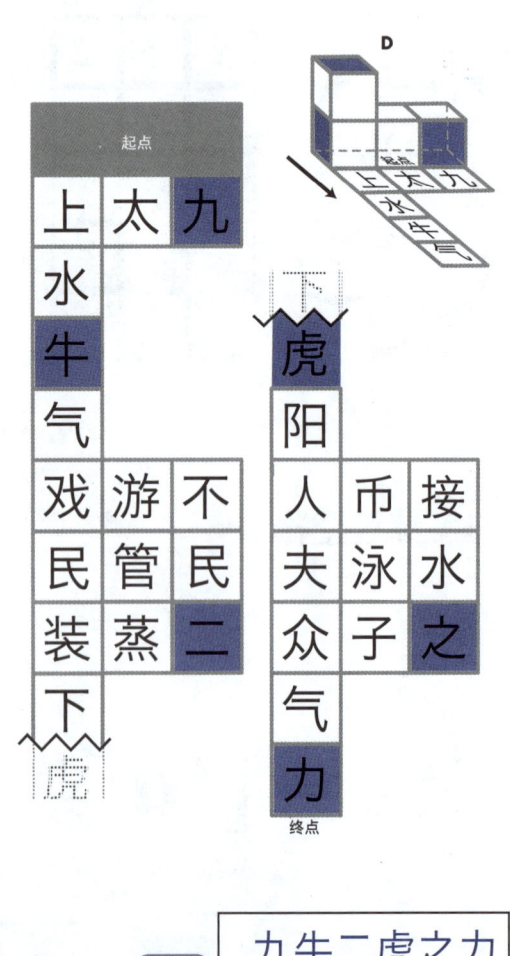

答案 九牛二虎之力

65 穿过空格
●第67页

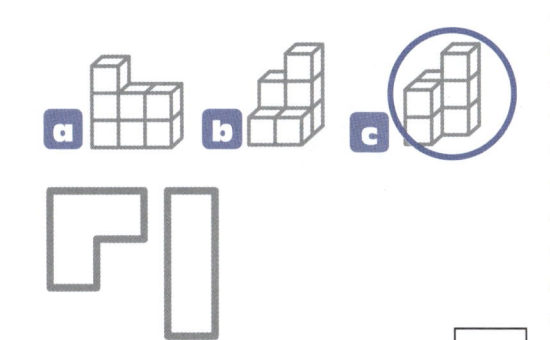

答案 C

66 立体大家族
●第68页

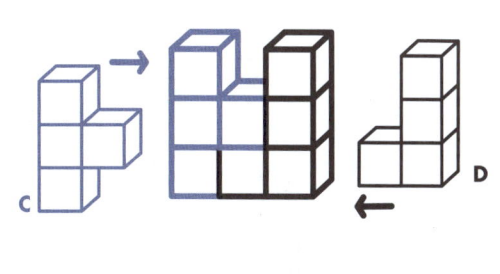

答案 C 和 D

67 咕噜咕噜大作战
●第69页

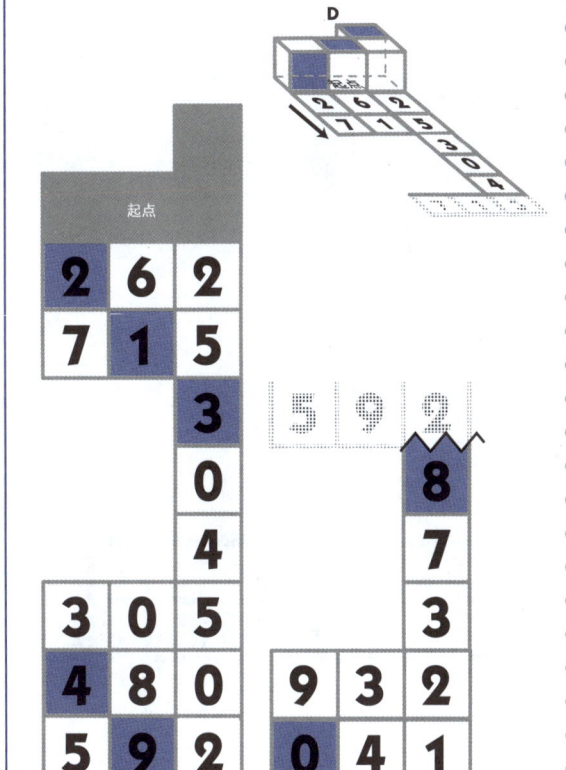

答案 27

68 你说我猜
●第70页

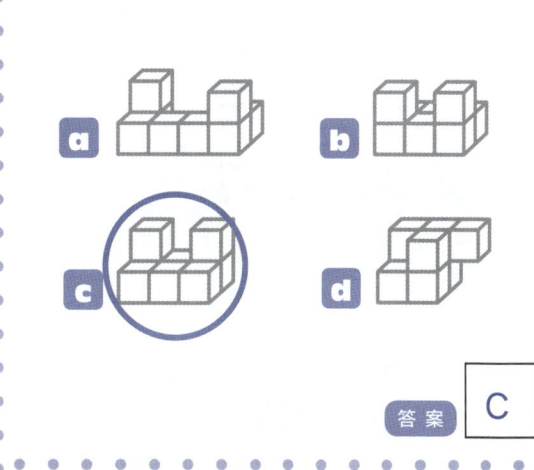

答案 C

69 猜高度
●第71页

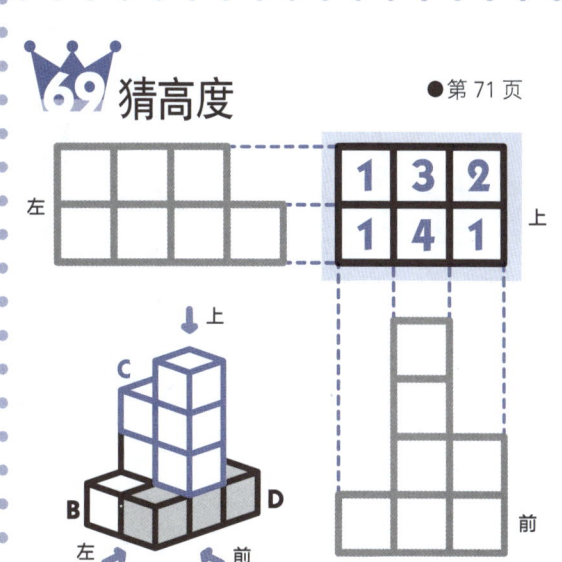

70 咕噜咕噜大搜查
●第72页

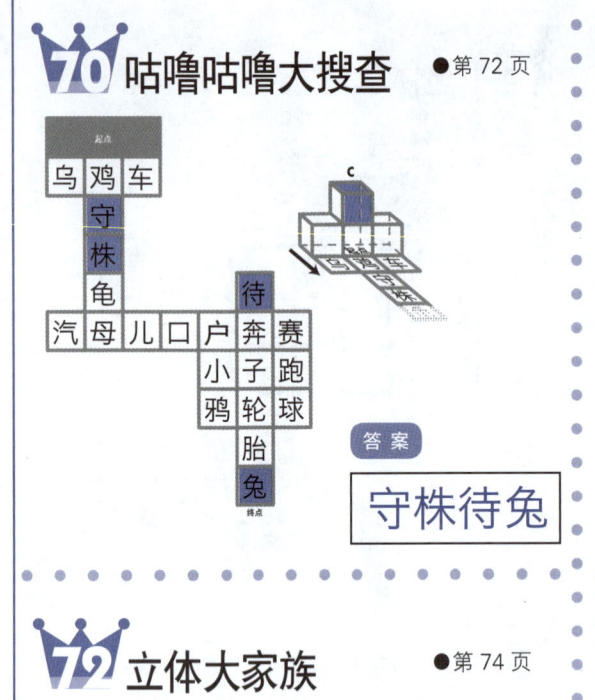

答案 守株待兔

71 穿过空格
●第73页

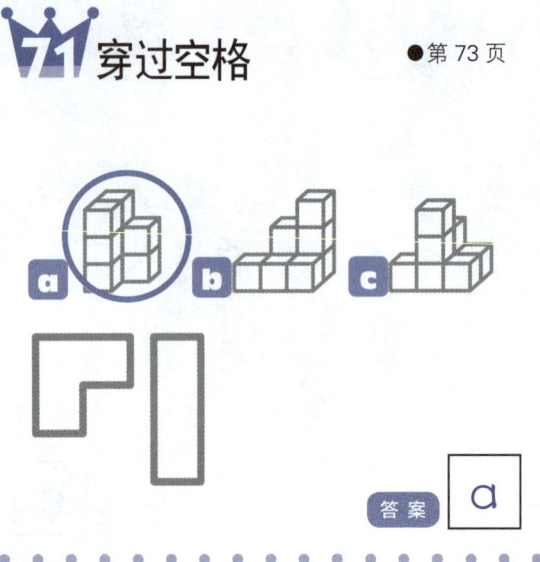

答案 a

72 立体大家族
●第74页

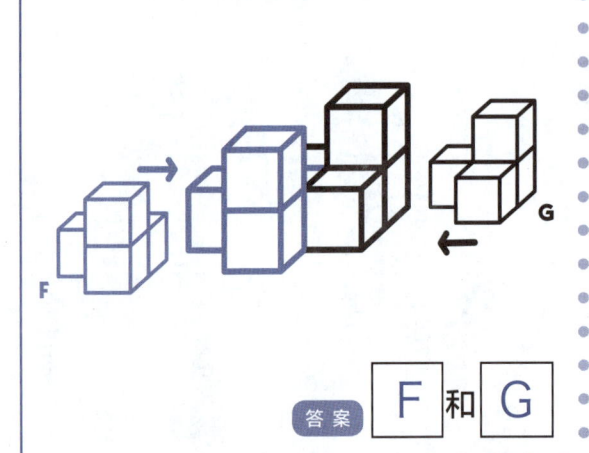

答案 F 和 G

73 咕噜咕噜大作战
●第75页

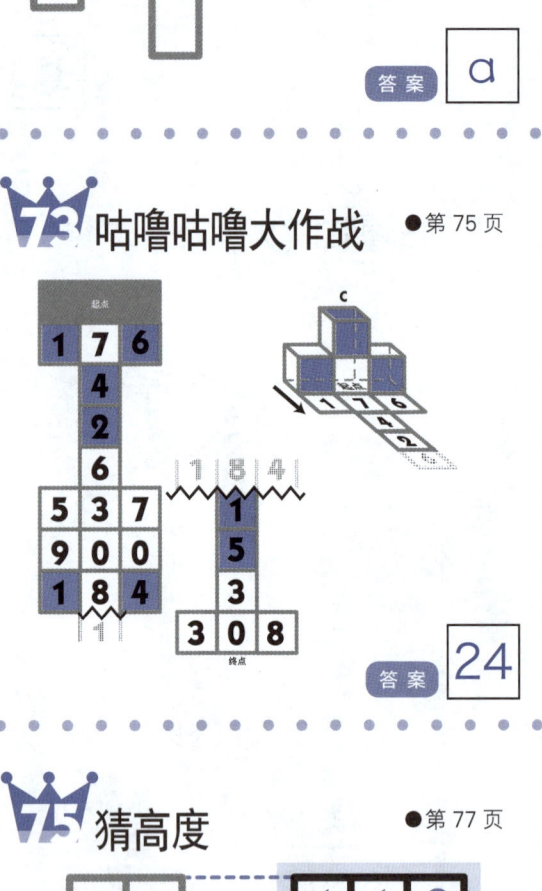

答案 24

74 你说我猜
●第76页

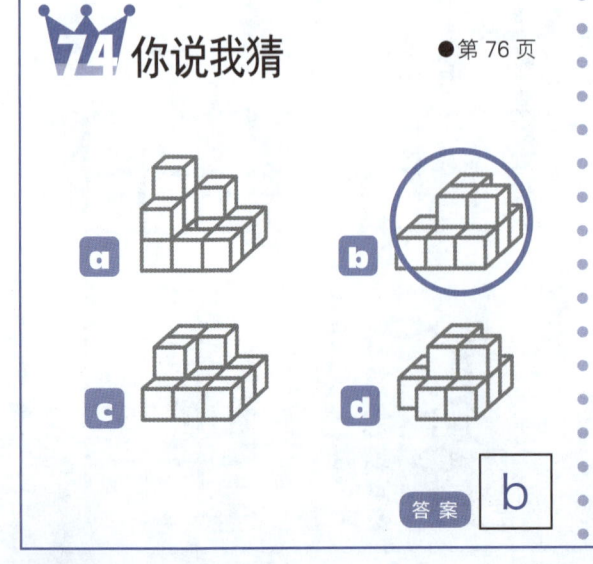

答案 b

75 猜高度
●第77页

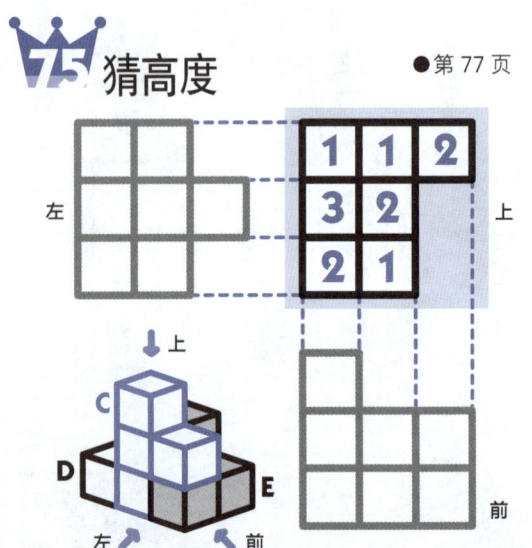

76 咕噜咕噜大搜查 ●第78页

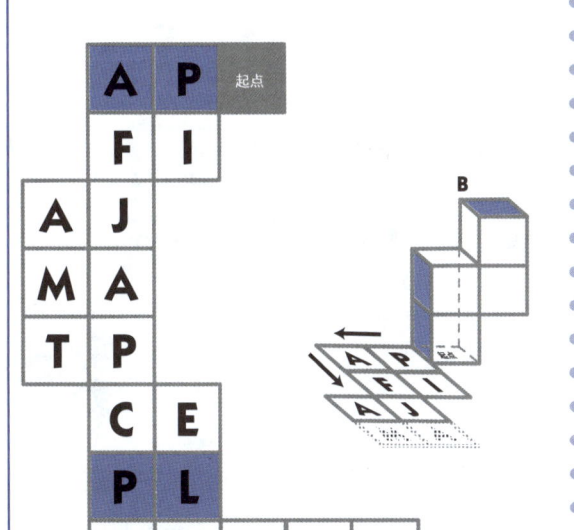

答案 **APPLE**

77 穿过空格 ●第79页

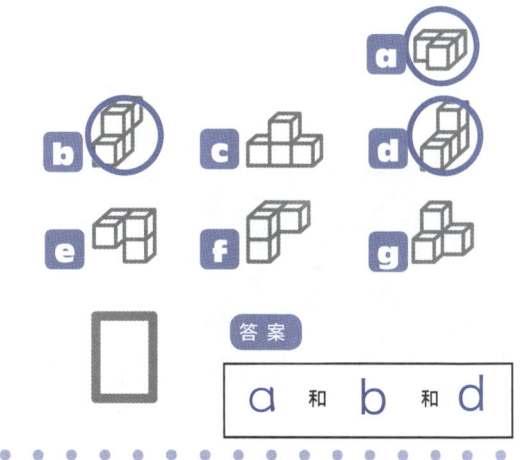

答案 a 和 b 和 d

78 双色截面的形状 ●第80页

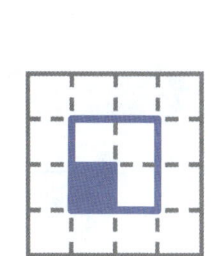

79 双色截面的形状 ●第81页

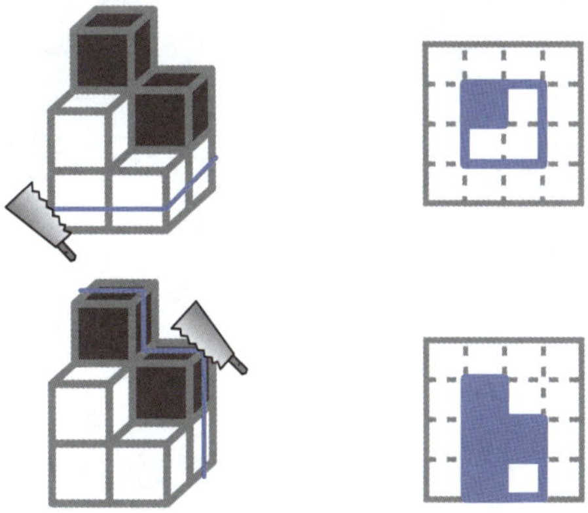

80 双色截面的形状 ●第82页

97

卡纸的使用说明

金立方

+ 收纳盒
+ 空格卡的使用方法

金立方组合

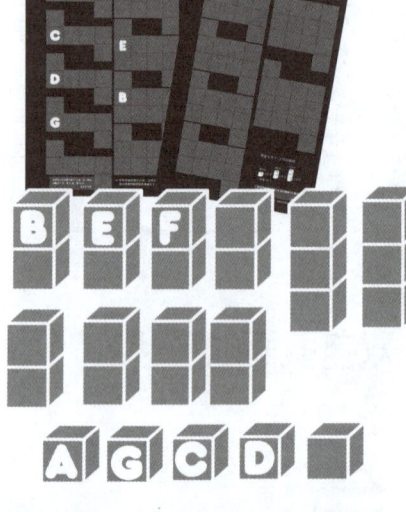

首先请参考这本书第 1 页的 "《阶段 1》开始之前"，完成 15 个立方体积木块。完成的积木用于解答《阶段 1》的问题和确认正确答案。

接下来，参考这本书第 37 页的 "《阶段 2》开始之前"，完成 A~G 的积木。完成的积木用于解答《阶段 2》的问题。

阶段 1 单立方 ×5 个　双立方 ×8 个　三立方 ×2 个
阶段 2 将阶段 1 中的立方体组合成积木 A ~ G。

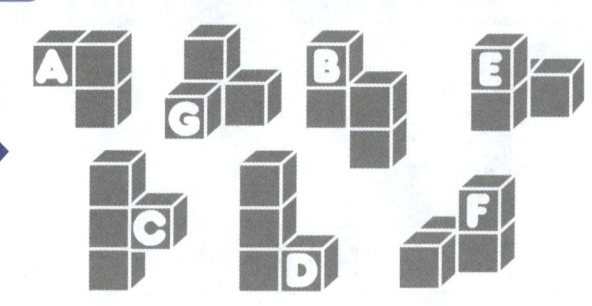

金盒子

这是金立方专用的收纳盒子。把相对应的记号粘合，可以完成啦。

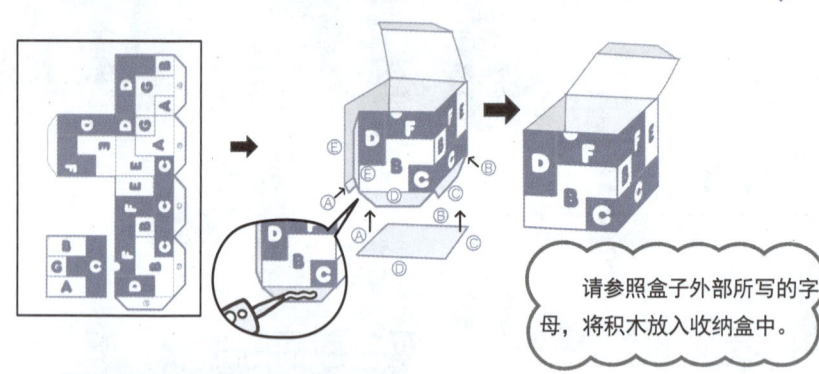

请参照盒子外部所写的字母，将积木放入收纳盒中。

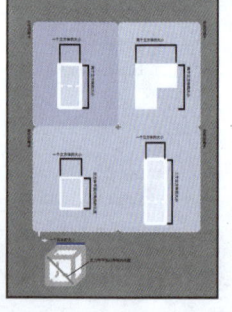

将金积木块与《立体王：观察能力篇》里的银积木块配合使用，便可以解答附加题啦！

只要有银积木和金积木，就可以拼出各种形状的几何体。

原来如此！

空格卡

这是用来测试立方体能否穿过孔的空格卡，解答《阶段 2》中"穿过空格"中的问题。

著作权合同登记　图字：11-2014-50 号
图书在版编目（CIP）数据

立体王.研究能力篇/[日]高滨正伸,[日]平须贺信洋著;冯洁译.—杭州:浙江少年儿童出版社,2018.8(2022.6重印)
（空间思维大挑战）
ISBN 978-7-5342-9717-5

Ⅰ.①立… Ⅱ.①高…②平…③冯… Ⅲ.①智力游戏-少儿读物 Ⅳ.①G898.2

中国版本图书馆 CIP 数据核字（2018）第 155509 号

Power to Pack/詰める力編
Sansuno Drill Rittaiou Tsueru Chikara Hen
© 2007 Masanobu Takahama/Nobuhiro Hirasuga
First published in Japan 2007 by GAKKEN Education Publishing Co., Ltd, Tokyo
Simplified Chinese translation rights arranged with Gakken Plus Co., Ltd. through Future View Technology Ltd.

空间思维大挑战

立体王·研究能力篇
LITIWANG YANJIU NENGLI PIAN

[日]高滨正伸　[日]平须贺信洋　著　冯洁　译

策划统筹	刘元冲
责任编辑	刘元冲
封面设计	林智广告
责任校对	苏足其
责任印制	王　振
出版发行	浙江少年儿童出版社
地　　址	杭州市天目山路 40 号
印　　刷	宁波市大港印务有限公司
经　　销	全国各地新华书店
开　　本	787mm×1092mm　1/16
彩　　插	4
印　　张	6.5
印　　数	123001—126000
版　　次	2018 年 8 月第 1 版
印　　次	2022 年 6 月第 15 次印刷
书　　号	ISBN 978-7-5342-9717-5
定　　价	32.00 元

（如有印装质量问题，影响阅读，请与购买书店或承印厂联系调换）
承印厂联系电话：0574-87582215

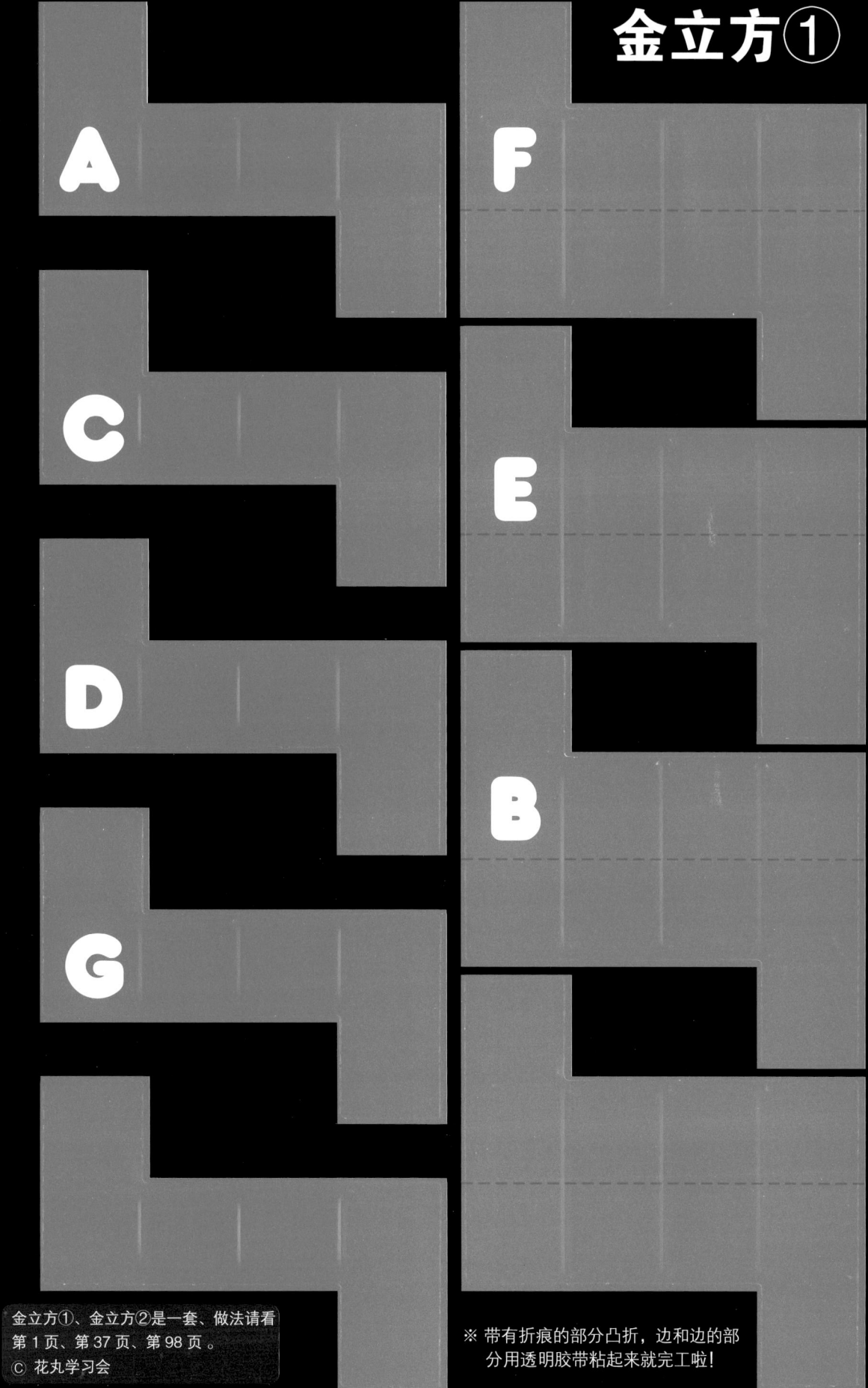

金立方①

A F C E D B G

金立方①、金立方②是一套、做法请看第1页、第37页、第98页。
ⓒ 花丸学习会

※ 带有折痕的部分凸折，边和边的部分用透明胶带粘起来就完工啦！

金立方②

用金立方①、金立方②可以做成：

单立方 ×5个　双立方 ×8个　三立方 ×2个

一共有 15 个。

金立方①、金立方②是一套、做法请看第 1 页、第 37 页、第 98 页。
ⓒ 花丸学习会

※ 带有折痕的部分凸折，边和边的部分用透明胶带粘起来就完工啦！

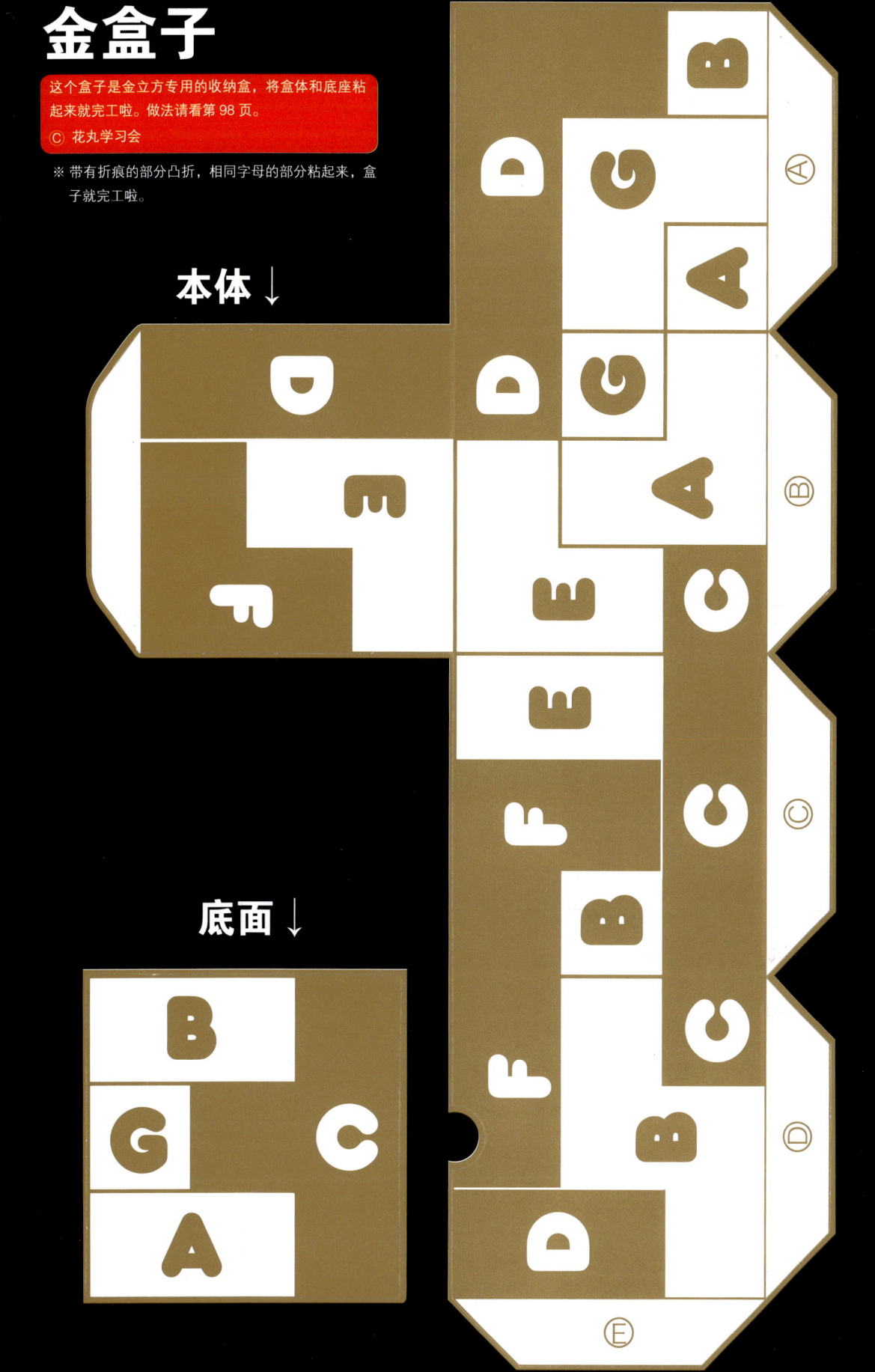

金盒子

这个盒子是金立方专用的收纳盒，将盒体和底座粘起来就完工啦。做法请看第 98 页。

ⓒ 花丸学习会

※ 带有折痕的部分凸折，相同字母的部分粘起来，盒子就完工啦。

本体 ↓

底面 ↓

观察装置

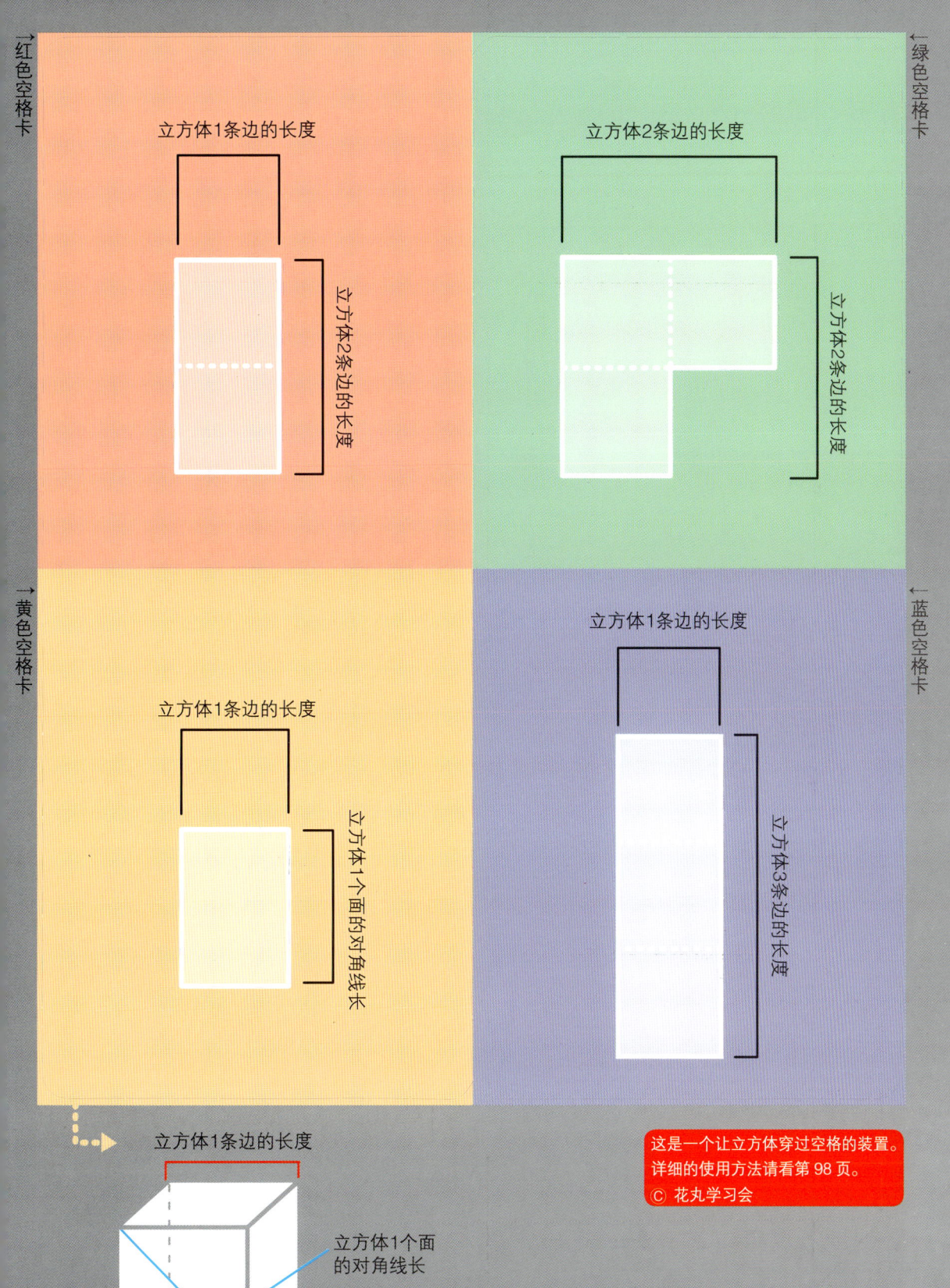

↑红色空格卡

立方体1条边的长度

立方体2条边的长度

↑绿色空格卡

立方体2条边的长度

立方体2条边的长度

↑黄色空格卡

立方体1条边的长度

立方体1个面的对角线长

↑蓝色空格卡

立方体1条边的长度

立方体3条边的长度

立方体1条边的长度

立方体1个面的对角线长

这是一个让立方体穿过空格的装置。详细的使用方法请看第 98 页。
ⓒ 花丸学习会